I0008719

Inhalt

Passives Einkommen durch Online Marketing:

Geld verdienen mit Blogs,
Email Marketing
und professionellen
Verkaufsstrategien für
Online Business und
Social Media

—

Nine-to-five war gestern!

Autor - Phil Schartner

Multiplizieren von Marketing im Internet

Wie können Sie im Internet richtiges Marketing anwenden? Sie erreichen dies durch ein Partnerprogramm, durch virales Marketing oder beides gleichzeitig. Beispielsweise könnten Sie ein Affiliate Programm einrichten und Ihren Partnern individuelle E-Books anbieten, die deren eigene Affiliate-Links enthalten.

Erhöhen Sie die Quote der Besucher, die Ihr Produkt kaufen. Dies können Sie erreichen, indem Sie Ihre Schlagzeile ändern, eine stärkere Garantie gewähren oder Kundenaussagen veröffentlichen.

Eine Ihrer Überschriften könnte
lauten:
„Wie Sie 5 Pfund in 2 Tagen
verlieren!"

In der nächsten Woche
verwenden Sie:
„Verlieren Sie 5 Pfund in nur 48
Stunden!"

So können Sie gezielter
herausfinden, welche Schlagzeile
besser konvertiert. Finden Sie
durch einen Gratis-Newsletter
heraus, was Ihre stärksten
Argumente sind, Ihre Produkte zu
kaufen. Besucher, die interessiert
sind, tragen sich in Ihren
Newsletter Verteiler gratis ein.
Wenn Sie einmal deren
Emailadresse haben, können Sie
ihnen immer wieder ähnliche
Produkte anbieten.
Stellen Sie nur sicher, dass Sie

einen ausreichend interessanten
und einzigartigen Content haben,
um das Interesse Ihrer Leser
wach zu halten.
Welche Rolle dabei
professionelles Email Marketing
spielt erfahren Sie in einem
späteren Kapitel.

Holen Sie Ihre Mitbewerber mit
ins Boot, indem Sie einen
Verband für Ihre spezielle Nische
gründen. Das kann zu einer
profitablen Partnerschaft führen.

Sie könnten Ihre Mitglieder mit
graphischen Links versorgen, die
sie auf deren Homepages
platzieren. So etwas erhöht ihr
geschäftliches Ansehen. Geben
Sie einen Mitarbeiter-Newsletter,
den Sie regelmäßig an Ihren
Email Verteiler senden, heraus.
Das könnte sie motivieren, einen
besseren Job zu machen, oder
hält sie auf dem Laufenden,

wohin Ihr Unternehmen steuert. In dieser elektronischen Mitarbeiterzeitung können Sie Artikel über freundlichen Kundendienst, höhere Produktivität, gute Beziehungen zu Kollegen, Mitarbeitervorstellungen usw. veröffentlichen.

Forschen in Diskussionsforen

Manche Kommentare, die Sie dort finden, sind hilfreich, Ihr Geschäft besser zu machen. Wenn Sie von Klagen über Ihren Kundendienst lesen, einen bestimmten Mitarbeiter, das Design Ihrer Website oder Produktmängel usw. kritisiert werden, dann wissen Sie, wo Sie ansetzen müssen, um besser zu werden. Machen Sie es anderen Webmastern schmackhaft auf Ihre Seite zu verlinken.
Sie könnten ihnen notfalls einen Preisnachlass auf Ihre Produkte geben oder das eine oder andere gratis hergeben.

Beispiel:

"Sie erhalten einen 33%igen Rabatt auf unser E-Book, wenn Sie damit einverstanden sind, auf unserer Website mindestens einen Monat lang zu verlinken."

Bauen Sie sich eine eigene Liste auf, indem Sie Ihren Besuchern einen guten Grund geben, die E-Mail-Adresse preiszugeben. Erlauben Sie ihnen Gratisartikel zu bestellen oder an kostenlosen Gewinnspielen teilzunehmen. Lassen Sie sich auf alle Fälle durch Doppel Opt-In bestätigen, dass Sie ihnen in Zukunft Mails zusenden dürfen.

Beispiel:

„Tragen Sie sich ein, um einen Fernseher zu gewinnen!"

Erstellen Sie eine "PR-Seite" für Ihr Unternehmen. Listen Sie darin alle Informationen auf, die

relevant sind für andere
Newsletter, Zeitungen, Magazine
usw.

Es gibt viele Möglichkeiten
Publicity in den Medien zu
bekommen wie z.B. ein
ungewöhnliches Produkt
herauszubringen, für wohltätige
Zwecke spenden, Events
veranstalten etc. Verleihen Sie
Ihrem Unternehmen und Produkt
mehr Glaubwürdigkeit, indem Sie
auf Websites verlinken, die
positiv über Ihr Geschäft bzw. Ihr
Angebot berichtet haben.
Sie können darauf auch in Ihrem
Werbetext verlinken.

Beispiel:

„Lesen Sie, was auch das (NAME) Magazin über unser neuestes E-Book schreibt!"

Geben Sie den Leuten etwas dazu, wenn sie sich für Ihren Newsletter eintragen.
Fast jeder hat heutzutage einen Newsletter, daher ist es wichtig, etwas extra zu geben. Sie könnten jede Woche unter allen Neuanmeldern eine Verlosung durchführen.

Beispiel:

"Wenn Sie sich für unseren Newsletter eintragen, nehmen Sie an der Wochenverlosung von 10 XY teil, zu der nur die neuen Abonnenten zugelassen sind."

Content gratis anbieten

Ein Content ist umso interessanter für jene, wenn er aktuell oder originell ist und nirgendwo anders gelesen werden kann. Sie können den Besuchern auch anbieten, Ihren Content in deren Newslettern oder auf deren Websites zu veröffentlichen, aber mit Back-Link zu Ihrer Seite. Falls Ihr Content einzigartig ist, können Sie im Titel "Exklusiv" oder "Erstveröffentlichung" verwenden.

Bieten Sie auch ein kostenloses Online-Verzeichnis an. Dieses Verzeichnis könnte voll sein mit Hinweisen zu E-Books, Newslettern, Webseiten usw. Wenn die User Ihr Verzeichnis interessant und nützlich finden,

kommen Sie immer wieder auf
Ihre Seite zurück. Sie könnten
auch aus dem gesamten
Verzeichnis ein E-Book machen
und erlauben, dass es verschenkt
wird, wodurch sich Ihr Impressum
mit dem Link zu Ihrer Website
verbreiten würde.

Eine weitere Möglichkeit ist, dass
Sie Ihren Besuchern ein gratis E-
Book schenken.
Sie sollten darin Werbung in
eigener Sache untergebracht
haben. Wenn Sie keine Zeit
haben, ein eigenes E-Book zu
schreiben, können Sie die
Erlaubnis von anderen Autoren
einholen, deren Fachartikel zu
verwenden.

Dazu geben Sie in der Regel ihr
Einverständnis, wenn die
Quellenangaben gemacht
werden.

Effektiv kann sicherlich auch
sein, dass Sie kostenlose Online-
Seminare abhalten. Diese
können z.B. im Chat-Room Ihrer
Website stattfinden.

Das Angebot von Live-
Information wird mit Sicherheit

Besucher auf Ihre Seite locken.
So werden Sie als Experte eines
bestimmten Themengebietes
bekannt.
Sie könnten diese
Veranstaltungen wöchentlich
oder monatlich ansetzen, sodass
Sie wiederkehrende Besucher
bekommen.

Freier Zugang zu Wettbewerben oder Gewinnspielen

Die Preise zu Wettbewerben oder Gewinnspielen sollten interessant oder von Wert für Ihre Besucher sein. Die meisten Besucher werden so Ihre Website wieder besuchen, um das Ergebnis zu erfahren. Wenn Ihre Zielgruppe zum Beispiel Geschäftsinhaber sind, dann sollten Ihre Preise Computer, E-Books, Business Services usw. sein. Lassen Sie Besucher kostenlose Software downloaden wie zum Beispiel Freeware, Shareware, Demos etc. Sie können auch einen Teil Ihrer Website in ein kostenloses

Software Verzeichnis ver-
wandeln.

Wenn Sie Software erstellt
haben, integrieren Sie Ihre
Werbung und lassen Sie sie auch
durch andere Webmaster
verschenken. Sie können ihnen
auch erlauben als Service für
deren Besucher auf Ihr
kostenloses Software Verzeichnis
zu verlinken.

Bieten Sie zudem auf Ihrer
Website kostenlose Online-
Services an. Dies können
Suchmaschinen-Eintragung,
Werbebrief-Erstellung,
Korrekturlesen u.a. sein. Die
Dienstleistung sollte nicht nur
hilfreich sein, sondern auch einen
Bezug zu Ihrer Zielgruppe haben.
Wenn Ihre Zielgruppe z.B. E-
Book-Herausgeber sind, können
Sie Gratis-Cover-Designs

anbieten.

Bieten Sie Besuchern Ihrer Seite
kostenlose Beratung an. Sie
können Ihr Wissen per E-Mail
oder Telefon weitergeben. Die
Leute werden dies überaus zu
schätzen wissen, denn
Beratergebühren können sehr
teuer sein.

Sie können auch ein Produkt
kreieren, indem Sie Anleitungen
auf Video aufnehmen und zu
einem moderaten Preis
verkaufen.
Gewähren Sie Besuchern eine
gratis Mitgliedschaft in Ihrem
Online-Club.
Leute gehören gerne
Vereinigungen an, warum nicht
Ihrem Online-Club?

Sie können auch einen
kostenlosen Newsletter
herausgeben, der nur für

Mitglieder ist. Geld können Sie mit einer Deluxe-Mitgliedschaft gegen eine regelmäßige Monatsgebühr machen.
Überzeugen Sie Besucher und Webmaster, auf Ihre Seite zu verlinken. Geben Sie Ihnen als Anreiz etwas Kostenloses wie Content, Software, E-Books usw. Sie können das Kostenlose dadurch wertvoller machen, indem Sie erlauben, deren eigene Links einzufügen.

Verlinken Sie auf Websites, die nützliche Informationen oder Dienstleistungen enthalten. Wenn Sie sehr viele solche nützliche Links haben, können die User Ihre Seite auch zur Startseite machen.
Würden Sie nicht auch gern auf eine Webseite gehen, auf der Sie alle Links finden, die Sie mögen und brauchen?
Verwenden Sie in Ihren

Beschreibungen viele Adjektive.
Das gibt Ihren Besuchern eine
klarere Vorstellung von dem, was
Sie ihnen beschreiben.
Wenn Sie beispielsweise ein
Software Programm beschreiben,
könnten Sie sagen:
„Diese einfach zu handhabende
Software führt Sie leicht durch
den gesamten Set-up-Prozess."

Lassen Sie Ihre Banneranzeigen
nicht wie Anzeigen aussehen, da
die meisten User Banner
ignorieren. Gestalten Sie das
Design so, dass es wie Content
aussieht, damit die Leute drauf
klicken, um den Rest zu lesen.

Beispiel:

"'Wie Sie Ihre Verkäufe um 200%
steigern…" von Larry Dotson.
Lesen Sie HIER mehr!"

Melden Sie sich bei
Partnerprogrammen an, die zur
Thematik Ihrer Website passen.
Andernfalls verschwenden Sie
wertvollen Platz und kostbare
Zeit, weil Ihre Besucher nicht
interessiert sind.
Wenn Ihr Zielpublikum z.B.
Softballspieler sind, dann sollten
Sie Affiliate Programme nehmen,
die Softballschläger, Softbälle,
Trikots, Magazine usw.
behandeln. Passen Sie sich Ihrer
jeweiligen Leserzielgruppe an.

Vermarktung der Website – Club nicht Website!

Wenn Sie Ihre Website als Club vermarkten, erhöht das die Zahl Ihrer wiederkehrenden Besucher und damit der Verkäufe, denn die Menschen gehören gerne Gruppen an. Sie können ein Forum oder einen Blog haben oder auch Mitglieds-IDs ausgeben. Vergeben Sie auch Mitglieds-Logos, die sie auf ihren eigenen Seiten einbinden können.

Kommunizieren Sie regelmäßig mit Ihren Online-Kunden. Das zeigt ihnen, dass Sie sich um sie kümmern. Dazu können Sie einen Chat-Room, ein Forum oder ein Online Message System verwenden.

Interessieren Sie sich immer dafür, was die Leute zu sagen haben, beantworten Sie ihre Fragen, machen Sie Komplimente, nehmen Sie sich auch die Zeit über anderes als nur Geschäftliches zu reden.

Wenn Besucher auf einen Link klicken, der nicht funktioniert, können Sie enttäuscht oder verärgert werden und klicken vielleicht auch auf andere Links nicht mehr.
Würden Sie eine Website wieder besuchen, nachdem Sie dort zwei Links, die Sie sehr interessiert haben, angeklickt haben, die aber leider nicht funktioniert haben? Sie würden eine solche Seite wahrscheinlich nicht einmal mehr in Ihrer Favoritenliste führen. Verschaffen Sie Ihren Besuchern eine positive

Erfahrung, wenn sie sich auf Ihrer
Website aufhalten.

Stellen Sie originellen Content
und kostenlose Dinge zur Verfügung. Die Besucher werden
ihren Freunden davon erzählen.
Wenn Sie ein Partnerprogramm
anbieten, werden Besucher erst
recht ihren Freunden von Ihrem
Angebot berichten. Vergüten Sie
pro Verkauf, pro Lead oder pro
Klick. Teilen Sie sich Kunden mit
Geschäften, die die gleiche oder
eine ähnliche Zielgruppe haben.
Bieten Sie deren Produkte auf
Ihrer Seite an und umgekehrt.

Wenn Sie beispielsweise
Spielsachen verkaufen, könnten
Sie Cross-Selling mit jemand
machen, der Kinderkleidung
anbietet. Sie beide haben das
gleiche Publikum – nützen Sie
diese Synergieeffekte auch zu
Ihrem Vorteil!

Bahnbrechende Verkaufsideen

Gestalten Sie Banneranzeigen, die animiert sind und die eine Klickaufforderung enthalten. Sie müssen die Aufmerksamkeit der Leute erregen und sie dazu bringen zu klicken. Zum Beispiel können Sie blinkende Lichter verwenden wie in Las Vegas und fordern Sie ausdrücklich zum Klicken auf beispielsweise mit „Klicken Sie hier!" oder „Klicken Sie, um mehr zu erfahren".

Verwenden Sie Popup Fenster auf Ihrer Website. So erregen Sie die Aufmerksamkeit Ihrer Besucher, weil Sie nicht zu übersehen sind. Mit einem Popup können Sie die Möglichkeit bieten, sich für Ihren Gratis-

Newsletter einzutragen. Des Weiteren können Sie ihnen ein Überraschungsangebot machen, wenn sie in den nächsten Minuten kaufen, wobei ein Timer die verbleibende Zeit runter zählt. Besorgen Sie sich entsprechende Bücher und E-Books und lernen Sie daraus alle Online-Werbe-ideen, die es so gibt. Legen Sie sich eine Liste mit Tipps an, die Sie auf Ihr eigenes Business an-wenden könnten. Analysieren Sie alle Ihre Werbebemühungen.

Konzentrieren Sie sich auf diejenigen, die funktionieren und lassen Sie die, die nichts bringen, sein. Verschwenden Sie nicht Ihre wertvolle Zeit.
Wenn Sie z. B. ein Partner-programm haben, das seit zwei Monaten keinen Verkauf gebracht hat, lassen Sie es fallen oder testen Sie eine andere Anzeige.

Jeder Teil Ihrer Website muss in irgendeiner Form gewinnbringend verwertet werden. Holen Sie so viel wie möglich aus Ihren Besuchern heraus. Fordern Sie sie auf, Ihren Newsletter zu abonnieren, an Ihrem Blog teilzunehmen, Ihre Seite zu bookmarken usw.

Eines der stärksten Mittel, Leute das tun zu lassen, was Sie möchten, ist, ihnen etwas gratis zu geben oder einen unwiderstehlichen Vorteil zu verschaffen.

Beispiel:

"Sie bekommen 4 kostenlose profitable E-Books, wenn Sie sich in meinen Gratis-Newsletter eintragen!"

Probieren Sie Textlinks, falls Ihre
Banneranzeigen nicht genug
Traffic erzeugen.
Leute ignorieren Textlinks oft
weniger als Banner.
Behandeln Sie einen solchen
Text link wie die Schlagzeile
eines Verkaufsbriefes:

„Wie Sie..."
„Achtung! ..."
„KOSTENLOS..."
„So machen Sie…"
„Neuste Meldung: ..."

Tauschen Sie Content mit
anderen Newsletter-Herausgebern oder Webmastern.
Das ist eine sehr effektive
Methode, Ihre Links auf andere
Websites mit ähnlicher
Zielgruppe zu platzieren. Auf
diese Weise können Sie
beispielsweise Fachartikel mit
anderen Schreibern von

Newslettern austauschen.

Das geht auch mit Gratis-E-Books, die jeder Beteiligte weiter verschenken darf.
Sie müssen Ihr Produkt für Ihre Kunden zu jeder Zeit auf Vorrat haben. Wenn Sie selbst erst nachbestellen müssen, könnten Kunden ihre Bestellung zurück-ziehen.
Bringen Sie das auf Ihrer Website zum Ausdruck durch "Stets vorrätig", „Artikel lieferbar", „Sofort-Versand" usw.

Verwenden Sie Content auf Ihrer Website, durch den Besucher leicht hindurch finden. Die meisten haben nicht viel Zeit, deshalb sollten Sie Listen, kurze Artikel, konzentrierte Tipps usw. anbieten, z.B.:

„Wie man ...."

„5 Wege für ...."

„Entdecken Sie ..."

Integrieren Sie auf Ihrer Website
einen Chat-Room oder ein
Forum.
Wenn den Usern das gefällt,
besuchen sie Ihre Seite wieder
und beteiligen sich regelmäßig.

Wenn zum Beispiel jemand auf
dem Schwarzen Brett eine Frage
hinterlässt und jemand darauf
antwortet, wird diese Person
immer wieder kommen, wenn sie
ein Problem hat - und der
Ratgeber auch, weil er helfen
möchte!

Erlauben Sie, dass Ihre Beiträge,
Texte, Fachartikel auch auf
anderen Websites veröffentlicht,
in anderen Newslettern ab-
gedruckt oder in E-Books

verwendet werden dürfen. Das
aber immer nur unter der
Voraussetzung, dass Sie als
Quelle angegeben werden und
dass am Ende jedes Artikels die
Nachdruckoption erwähnt wird.

Beispiel:

Larry Dotson ist der Co-Autor von
"Internet Marketing des
Unterbewusstseins".
In diesem E-Book erfahren Sie
746 Gründe, warum Leute Ihre
Produkte kaufen!
Besuchen Sie:
http://www.subconsciousinternet
marketing.com

"Sie dürfen diesen Artikel auf
Ihrer Website oder in Ihrem
Newsletter veröffentlichen, wenn
Sie diese Quellenangabe mit
abdrucken."

Erlauben Sie Kollegen, Ihre
Gratisangebote als kostenlose
Boni in Verbindung mit deren
kostenpflichtigen Produkten oder
Dienstleistungen zu verwenden.
Fügen Sie in all Ihren
Gratisangeboten unbedingt Ihre
Werbung ein!

Manche erlauben nur, dass ihre
Gratisangebote ausschließlich
kostenlos weitergegeben werden.
Sie aber sollten das nicht
beschränken und die Abgabe
auch als Kaufanreiz für
kostenpflichtige Produkte
erlauben.

Beispiel:

"Sie dürfen dieses Gratis-EBook
als Bonus verschenken!"

Erlauben Sie anderen Webmastern, Ihr Diskussions-forum mitzubenutzen, denn viele haben keins.

„Sie haben kein eigenes Diskussionsforum?
Verlinken Sie auf das unsrige und laden Sie Ihre Besucher ein, es zu nutzen."

Platzieren Sie Ihren Werbebanner gut sichtbar im Forum. Geben Sie über Ihren Server Gratis-Webseiten ab. Als Gegenleistung für das kostenlose Webspace dürfen Sie Ihren Werbebanner im Kopfteil der Seite anbringen.

So könnten Sie dafür werben:

"Erhalten Sie 20 MB Webspace GRATIS, wenn Sie unseren

kleinen Banner oben auf Ihrer
Website platzieren."

Erlauben Sie, dass Links Ihrem Website Verzeichnis hinzugefügt werden dürfen.

Im Gegenzug erwarten Sie, dass die anderen Webmaster auch einen Back-Link zu Ihnen setzen.

So könnten Sie formulieren:

"Verlinken Sie sich mit unserer Website und verlinken Sie uns mit Ihrer Website."

ODER:

„Erhöhen Sie mit uns Ihre Backlinks. Alles, was wir erwarten, ist, dass Sie uns auch verlinken."

Erlauben Sie Webmastern, die Online-Dienstleistungen, die Sie kostenlos anbieten, mit zu nutzen und deren Website-Besuchern und Newsletter-Lesern zur

Verfügung zu stellen. Das
könnten Services sein wie etwa:
Gratis-Email, Gratis-Email-
Beratung, Gratis-Such-
maschinen-Eintragungen und
vieles andere.

Werben Sie z.B. so dafür:

"Bieten Sie diesen Gratis-Service
Ihren Besuchern an.
Es kostet Sie nur einen Back-Link
auf unsere Website!"

Erlauben Sie auch, gegebenen-
falls Ihre Gratis-Software zu
verschenken. Bringen Sie nur
vorher etwas Werbung für Ihr
Business darin unter.

Zum Beispiel so:

"Diese Software wird Ihnen kostenlos zur Verfügung gestellt von (IHRE URL etc.)."

oder:

"Diese Gratis-Software wurde erstellt von (IHRE URL etc.)."

Erlauben Sie, Ihre kostenlosen Webdesigns, Grafiken, Fonts, Templates usw. weiter zu verschenken. Aber fügen Sie Ihre Werbung ein oder verlangen Sie, dass direkt auf Ihre Website verlinkt wird. So können Sie z.B. zur Bedingung machen, dass ein kleiner Hinweis unter die Grafik oder am Fuß der Webpage angebracht wird in der Art von:

„Diese Grafiken sind von IHRE GESCHÄFTSINFORMATIONEN."

oder:
„Dieses Template ist urheberrechtlich geschützt für (IHRE GESCHÄFTSINFORMATIONEN)."

Erlauben Sie Webmastern, eine Gratisanzeige in Ihrem Gratis-E-Book zu schalten, falls diese bereit sind, das E-Book kostenlos an deren Besucher oder Newsletter-Abonnenten weiterzugeben.

Würden Sie nicht auch etwas verschenken, von dem Sie einen Vorteil haben?

Argumentieren Sie so:

„Verschenken Sie dieses E-Book und bestücken Sie es mit Ihren eigenen Links!"

Erlauben Sie nicht nur, dass andere Webmaster Ihr E-Book an Besucher verschenken, sondern auch, dass die Besucher es selbst wieder weiterverschenken dürfen.
Auf diese Weise verbreitet sich Ihre Werbung über das ganze Internet.

Wenn 5 Leute es an jeweils 5 andere weitergeben, und diese 25 wieder an je 5, und diese 125 wiederum an 5, dann haben schon 755 Leute Ihre Werbung kostenlos gelesen – und es hat Ihnen kaum Arbeit gemacht.

Social Selling

Teil 2

Machen Sie eine Geschichte aus dem Verkaufstext

Wird aus einem Verkaufstext eine Geschichte oder ein interessanter Bericht aufbereitet, dann werden Ihre Besucher eher bereit sein ihn zu lesen und sich für Ihr Produkt zu interessieren.

Beispielsweise könnten Sie so einleiten:

„Es war einmal..."
„GRATIS Report!"
"Neulich habe ich folgendes erlebt…"

Geben Sie Ihren Besuchern ein Geschenk, wenn sie eine Umfrage ausfüllen, denn sonst

werden sie es kaum tun.
Umfragen bringen wertvolle
Erkenntnisse über Ihr Geschäft.
Sie könnten sie etwa so locken:

„Jeder, der diese Umfrage
ausfüllt, erhält gratis eine Uhr."

„Die ersten 200, die diese
einfache Umfrage ausfüllen,
erhalten einen gratis Taschen-
rechner!"

Verbessern Sie die Wirksamkeit
Ihres Verkaufstextes durch
Interesse weckende Begriffe,
farbliche Unterlegung von
Schlüsselwörtern,
Anführungszeichen, Fettdruck
wichtiger Teile,
Unterstreichungen usw.

Beispiele:

„Sofortige Gewinne",
„Verlieren Sie Gewicht",
„Sparen Sie Geld",
„Steigern Sie Ihre
Verkaufszahlen" etc.

Bieten Sie Ihren Besuchern
Auswahlmöglichkeiten an, damit
sie nicht das Gefühl haben,
gezwungen, kontrolliert oder
manipuliert zu sein, sondern frei
entscheiden zu können. Lassen
Sie sie selber wählen, wie sie
bestellen, Kontakt aufnehmen,
navigieren usw. möchten.
Beispiele:

"Wählen Sie zwischen Basis und
Deluxe".

„Bestellen Sie online, per Telefon oder per Fax."

Versetzen Sie sich selbst in die Lage Ihrer Besucher. Gestalten Sie die Website für die Besucher, nicht für Sie selber. Erstellen Sie ein Produkt nach den Bedürfnissen der Interessenten und nicht, weil Sie es selbst kaufen würden.

Wenn Sie zum Beispiel an Leute verkaufen, die befürchten zahlungsunfähig zu werden, überlegen Sie, wie sie fühlen. Sie möchten Insolvenz vermeiden, Sie sind es leid, sich nichts mehr leisten zu können, sie wollen, dass Gläubiger nicht mehr anrufen oder schreiben. usw.

Holen Sie sich Rat von erfolgreichen Geschäftsleuten.

Beteiligen Sie sich aktiv in Chat-Rooms, Foren und Blogs. Beginnen Sie Unterhaltungen. Lesen Sie deren hilfreiche Informationen, stellen Sie Fragen und bekommen Sie Antworten. Sie können auch anderer Leute Fragen versuchen zu beantworten und sich so weiterentwickeln. Verwenden Sie Ihre Boni und Zugaben, um bei Ihren Besuchern ein Gefühl der Dringlichkeit zum Kauf zu erzeugen. Offerieren Sie ihnen Ihr Hauptprodukt nur für eine begrenzte Zeit.
Beispiel:

„Bestellen Sie heute bevor Mitternacht und Sie erhalten 4 Boni GRATIS!"

„Bestellen Sie bis zum 25. Juni und Sie bekommen obendrein kostenlos das E-Book XY."

Bieten Sie Ihren Kunden zusätzliche Artikel an, die zu dem gerade gekauften Artikel passen. Wenn jemand beispielsweise ein elektronisches Spielzeug gekauft hat, dann versuchen Sie, auch die dazu benötigten Batterien mit zu verkaufen.

Beispiel:

„Klicken Sie hier, um 4 Batterien für nur 2,95 € mit zu bestellen:" "Klicken Sie hier, um auf die Deluxe Version für nur 10€ extra upzugraden."

Lassen Sie Ihre Besucher sich gut fühlen, indem Sie Ihnen Komplimente machen.
Wenn sie sich gut fühlen, fühlen

sie sich wahrscheinlich auch gut,
bei Ihnen auf Ihrer Website
einzukaufen.
Beispiel:

"Sie gehören zu dem einen
Prozent von Menschen, denen es
ernst ist, ihr Leben zu ändern."

„Sie sind bewundernswert, weil
Sie besondere Anstrengungen
unternehmen, Ihre finanziellen
Probleme zu lösen."

Versuchen Sie, zusätzliche
Gewinne über Ihre Website zu
erzielen.
Wenn Sie z.B. E-Books über
Online Business verkaufen,
sollten Sie auch
Dienstleistungen, Kurse und
einschlägige Bedarfsartikel
anbieten.

Beispiel:

"Herzlichen Dank, dass Sie sich für unser Business E-Book entschieden haben. Wenn es Ihnen gefällt, vergessen Sie nicht, dass wir auch einen monatlichen Ergänzungsdienst zu diesem Thema für nur 4,95 €/Mo. anbieten."

25 Brandheiße Blockbuster Cash Geheimnisse

1. **Fädeln Sie mit anderen Webmastern einen so genannten Cross Promotion Deal ein.**
   Erlauben Sie, Ihr Produkt deren Kunden zu verkaufen. Auf der anderen Seite verkaufen Sie deren Produkt an Ihre Kunden.
   Das Produkt sollte eine Beziehung haben zu Ihrem eigenen Produkt bzw. Ihrer Dienstleistung, andernfalls wird es sich sicherlich nicht so gut verkaufen.
   Verkaufen Sie Ihr Produkt im Paket mit dem Produkt eines anderen Web Business.
   Beide Partner können das Package bewerben und die Gewinne teilen.

Wenn Sie zum Beispiel
Tennisschläger verkaufen,
könnten Sie sich mit einem
Tennisball-Spezialisten
zusammentun.
**Das ist ein Win-Win Joint
Venture Deal.**

2. **Vermieten Sie Ihre
   Produkte für eine gewisse
   Zeit.**
   Das ist wie verkaufen, aber
   Sie bekommen die Produkte
   zurück und können sie
   wieder vermieten. Auf lange
   Sicht können Sie mit
   Vermietung Ihrer Produkte
   oder Dienstleistung mehr
   Geld verdienen. Die Leute
   haben heutzutage weniger
   Geld zur freien Verfügung
   und mieten deshalb lieber,
   als dass sie etwas kaufen
   und vielleicht nur einmal
   benutzen.

3. **Lassen Sie Kunden Ihre Produkte abonnieren.**
Das funktioniert am besten mit Informationsprodukten, Dienstleistungen und Mitgliedschaften.
Die Gebühr kann wöchentlich, monatlich, vierteljährlich oder jährlich anfallen.
Auf alle Fälle bringt es Ihnen wiederkehrendes Einkommen. Außerdem können Sie Ihren Abonnenten darüber hinaus auch einzelne Produkte anbieten.

4. **Verleasen Sie Ihre
   Produkte.**
   Das ist wie Vermieten, aber
   am Ende der Leasingzeit
   haben die Kunden die
   Möglichkeit zu kaufen. Wenn
   Sie zum Beispiel Computer
   verleasen, zahlt Ihnen der
   Kunde eine monatliche
   Gebühr. Wenn der
   Leasingvertrag zu Ende geht,
   kann er das Gerät günstig
   erwerben. Wenn er den PC
   aber zurückgibt, können Sie
   ihn wieder an jemand anders
   verleasen.

5. **Fügen Sie Ihrer Website ein
   Message Board hinzu.**
   Manche Leute werden Ihre
   Seite besuchen, um Fragen
   zu stellen und um die Fragen
   von deren zu beantworten.
   Andere nehmen nur an
   Message Boards teil, um
   ihren Link zu hinterlassen,

aber auch diese können
eines Tages Ihr Produkt
kaufen.

6. **Fügen Sie Ihrer Website ein
Linkverzeichnis hinzu.**
User werden Ihre Seite
besuchen, um einschlägige
Links zu finden zu dem
Thema, für das sie sich
interessieren. Es spart ihnen
Zeit und Mühen, nach all
diesen Links selbst zu
suchen. Wenn Sie dieses
Linkverzeichnis immer aktuell
halten, werden die Leute
zurückkommen und vielleicht
auch eines Ihrer Produkte
kaufen.

7. **Fügen Sie Ihrer Website
eine Artikelrubrik hinzu.**
User werden Ihre Seite
besuchen, um die Fachartikel
zu lesen und neue
Informationen zu ihrem

Interessensgebiet zu
erhalten. Sie sollten Original-
Content haben, damit die
Leute nicht anderswohin
gehen können, um ihn zu
bekommen. Sie sollten ihn
auch regelmäßig updaten, so
dass die Interessenten immer
wieder zurückkommen.

8. **Fügen Sie Ihrer Website ein
Newsletter-Archiv hinzu.**
Ihre neuen Abonnenten
werden Ihre Seite besuchen,
um alte Ausgaben zu lesen,
welche sie verpasst haben.
Ihre alten Abonnenten
werden manche
Informationen oder Angebote
nachlesen wollen, wo denen
sie sich erinnern, dass sie sie
in Ihrem Newsletter gesehen
hatten.

9. **Fügen Sie Ihrer Website ein
E-Book-Verzeichnis hinzu.**

User werden Ihre Seite besuchen, um neue Informationen herunterzuladen und zu lesen. Wenn Sie ein E-Book-Verzeichnis anlegen, dann ein solches, das in Bezug zu Ihren Produkten steht. Manchmal schreiben Leute selbst E-Books und möchten sie in Ihrer Liste aufgenommen haben.

10. **Fügen Sie Ihrer Website einen gratis Kleinanzeigenmarkt hinzu.** User werden Ihre Seite besuchen, um zu inserieren und um andere Angebote zu lesen. Sie können sie zusätzlich motivieren, indem Sie bekannt machen, dass Sie manche Anzeigen auch in Ihrem Newsletter veröffentlichen.

Das wird dazu führen, dass

sich manche User allein deswegen in Ihren Newsletter eintragen. Und es wird dazu führen, dass User regelmäßig auf Ihre Website zurückkommen, um neue Anzeigen zu lesen.

11. **Fügen Sie Ihrer Website eine gratis Linkseite hinzu.**
Sie können Link-Eintragen anbieten, dass Sie deren Link einmal in Ihrem Newsletter erscheinen lassen, wenn Sie im Gegenzug Ihren Link ein oder zwei Monate auf deren Homepage platzieren dürfen. User werden Ihre Seite besuchen, um ihren eigenen Link einzutragen und nach den Links anderer User zu schauen.

12. **Fügen Sie Ihrer Website ein „Über uns" hinzu.**
User, die Ihre Seite

besuchen, möchten gern
mehr über Sie und Ihr
Geschäft erfahren. Das ist
hilfreich, die Beziehung zu
Ihren Interessenten und
Kunden persönlicher zu
machen und Sie zu Käufen
zu veranlassen. Geben Sie
auch einige private
Informationen über sich preis.

13. **Fügen Sie Ihrer Website ein
Gästebuch hinzu.**
User werden Ihre Seite
besuchen, um Ihre Meinung
über Ihr Angebot und eine
Signatur zu hinterlassen. Ja,
viele machen nur
Eintragungen im Gästebuch,
um für ihre eigene Website
zu werben, aber sie können
früher oder später auch
zahlende Kunden werden.

14. **Fügen Sie Ihrer Website
eine kostenlose**

Downloadseite hinzu.
User werden Ihre Seite
besuchen, um neue Software
zu finden, die ihr Leben
einfacher machen soll. Die
Software sollte Ihre eigene
sein oder Freeware,
Shareware oder Demos.
Alle Software sollte Bezug
haben zu Ihrer Zielgruppe.
Zeigen Sie Ihren potenziellen
Abonnenten ein Beispiel
Ihres Newsletters.
Schwärzen Sie
entscheidende Passagen, um
sie neugieriger zu machen,
so dass sie sich eintragen.
Wählen Sie als Beispiel einen
wirklich klasse Tipp, von dem
die Interessenten
wahrscheinlich noch nicht
gehört haben. Verraten Sie
ihnen, wie und wo sie
Zugang zu Ihrem Newsletter-
Archiv bekommen, nachdem

sie abonniert haben.

15. Geben Sie einen Autoresponder-Kurs kostenlos ab.

Veröffentlichen Sie in jeder Lektion einen Hinweis auf Ihren Newsletter. Je mehr Menschen ihn sehen, desto höher ist die Wahrscheinlichkeit, dass sie sich eintragen. Ihr Newsletter muss eine Menge originellen und qualitativ hochwertigen Content enthalten, um Interessenten zu überzeugen, sich in die Liste einzutragen. Natürlich können Sie auch in jeder Lektion eines Ihrer Verkaufsprodukte vorstellen. Offerieren Sie Ihren potenziellen Kunden einen interessanten Preisnachlass für ein bestimmtes Produkt, falls sie Ihren Newsletter abonnieren.

Zum Beispiel könnten Sie sagen:

"Tragen Sie sich in meinen Gratis-Newsletter ein und Sie erhalten mein neuestes E-Book 40% günstiger!"

Nach erfolgter Eintragung teilen Sie ihnen in der Dankeschön-Email den Link zur geheimen Bestellseite mit dem versprochenen Rabatt mit.

16. **Geben Sie anderen Unternehmern die Erlaubnis,**
dass sie bei jedem Produktverkauf ein Gratis-Abo Ihres Newsletters als

Bonus dazu geben dürfen.
Natürlich sollten die Produkte
bzw. Dienstleistungen des
Partnerunternehmens
thematisch zu Ihrem
Newsletter passen.
Überlegen Sie nur, wie viele
Business Anbieter, Ihren
Newsletter deren Kunden
anbieten könnten.

17. **Stellen Sie Ihren
potenziellen Abonnenten
Fragen,**
um sie zu veranlassen, Ihren
Newsletter anzufordern.
Sie könnten z.B. fragen:

„Würden Sie gerne in Rente
gehen, bevor Sie 40 sind?"
„Gefällt Ihnen der Gedanke,
von zu Hause aus zu
arbeiten?"

18. **Schreiben Sie Ihre Newsletter-Anzeigen so,** dass es nach gesundem Menschenverstand klingt, Ihren Newsletter zu abonnieren.
Zum Beispiel könnten Sie sagen:

"Jeder weiß, dass man ein paar Dinge wissen muss, bevor man ein Geschäft startet."

"Uns allen ist klar, dass Wissen ein Schlüsselfaktor ist, um ein Geschäft profitabel zu machen."

19. **Sprechen Sie Ihre potenziellen Abonnenten situationsbezogen an.** Wenn Sie sie mit "Lieber Gesundheits-Interessent" ansprechen, dann werden sie sich eintragen wollen, weil sie sich gesund fühlen möchten. Wenn Sie sie mit "Hallo Geschäftsfreund" ansprechen, dann werden sich eintragen wollen, weil sie

sich als Geschäftsmann
sehen möchten.

20. **Geben Sie in jedem Ihrer
Newsletter etwas gratis ab.**
Das könnte ein E-Book oder
eine Software sein. Die
Abonnenten erzählen
anderen davon und diese
werden sich dann oft auch
eintragen.

*Zum Beispiel könnten Sie
versprechen:*
"In jeder Ausgabe unseres
Newsletters geben wir einen
neuen, sonst nirgendwo
erhältlichen Business Report
ab!"

21. **Machen Sie den Leuten den
Mund wässerig,**
indem Sie ihnen sagen, wie
deren Familie oder Freunde
reagieren würden, wenn sie

Ihre Newsletter-Tipps
anwenden.
Die Leute machen sich
nämlich viel daraus, was
andere Leute über sie
denken.

*Sie könnten beispielsweise
argumentieren:*
"Stellen Sie sich nur vor,
wenn Ihre Frau zu Ihnen
sagt, wie stolz sie auf Sie ist,
weil Sie Ihr eigenes Geschäft
gründen!"

22. **Geben Sie den
    Interessenten das Gefühl,**
    dass es deren eigene Idee
    ist, den Newsletter zu
    abonnieren, dann werden Sie
    weniger zögerlich sein.

Sie könnten so formulieren:
„Sie treffen eine clevere Entscheidung, den Gratis-Newsletter anzufordern."
„Danke, dass Sie solch eine clevere Wahl treffen und unseren Gratis-Newsletter abonnieren!"
Außerdem setzen Sie auf diese Weise schon voraus, dass sich der Interessent eintragen wird.

23. **Erlauben Sie anderen Newsletter-Herausgebern oder Webmastern,**
Auszüge aus Ihrem Gratis-E-Book wieder zu veröffentlichen. Selbstverständlich unter der Voraussetzung, dass Sie einen Link zu Ihrer Website setzen und einen Veröffentlichungsnachweis liefern. Wieder ein Weg, Ihr

Geschäft durch ein Gratis-E-Book zu vermarkten.

Machen Sie zusätzliche Gewinne dadurch, dass Sie monatliche Updates, also zuvor noch nie veröffentlichte Kapitel Ihres Gratis-E-Book verkaufen.

Sie bekommen deutlich mehr Leser, weil Ihr EBook gratis ist und weil andere Webmaster es auch verbreiten dürfen. Damit werden Ihre Anzeigen darin häufiger gesehen. Durch den späteren Extra-Content machen Sie Extra-Profit.

24. **Sie könnten eine bekannte Persönlichkeit auf Ihrem Banner abbilden**

oder erwähnen. Die Leute werden darauf klicken, weil sie dem Prominenten trauen.

Sie könnten es etwa so formulieren:
"Auch der bekannte (NAME) hat unser Produkt gekauft. „Klicken Sie hier, um zu erfahren, warum!"

25. Unterteilen Sie Ihr E-Book in einzelne Reporte
und erlauben Sie anderen Marketern, diese als Gratiszugaben bei Kauf eines Produktes zu verwenden. Machen Sie es aber zur Pflicht, die Quelle anzugeben und einen Link zu Ihrer Website zu setzen. Wenn Sie möchten, können Ihnen auch erlauben, diese Reporte zu verkaufen. Bieten Sie am Ende Ihres Verkaufstextes etwas zusätzlich gratis an. Das erhöht den Wert des kostenpflichtigen Produktes.

Beispiel:

„Sie erhalten 7 Gratis-Boni, wenn Sie vor dem (DATUM) bestellen."

„Wenn Sie an diesem Wochenende bestellen, bekommen Sie das E-Book (TITEL) kostenlos dazu."

Die richtige Online Werbestrategie

Sagen Sie Ihren Kunden, welche Art von Support sie bekommen, nachdem Sie gekauft haben. Das könnte kostenlose Beratung sein, technischer Support, Gratis-Service usw. Das kann manche Frage im Zusammenhang mit einem potenziellen Kauf rechtzeitig klären. Denn manche Leute wollen keine Produkte kaufen, ohne zu wissen, ob jemand da ist, um zu helfen, wenn sie Probleme haben.

Fragen Sie am Ende Ihres Verkaufstextes, warum sich der Interessent entschieden hat, nicht zu kaufen. Das gibt Ihnen Hinweise, bessere Verkaufsbriefe zu schreiben. Bauen Sie ein Kontaktformular oder einen

Email-Link ein, damit
unkompliziert geantwortet werden
kann. Auf diese Weise können
Sie herausfinden, was die Leute
nicht gemocht haben; das kann
Ihre Garantie sein oder die
Grafiken oder sonst irgendwas.

Denken Sie über Wege nach,
Ihre Site oder Geschäft in die
Schlagzeilen zu bringen. Sie
könnten Sponsor für einen guten
Zweck werden, einen Weltrekord
brechen, ein Event veranstalten
etc. Schreiben Sie eine Presse-
mitteilung über das, was Sie auf
die Beine gestellt haben, und
senden Sie sie dann an Presse-
dienste, die Ihre Zielgruppe
bedienen.

Starten Sie einen Wettbewerb auf
Ihrer Website. Geben Sie auch
anderen Websites die
Möglichkeit, ihn mit anzubieten.
Das multipliziert Ihre Werbung im

gesamten Internet.
Es wird sozusagen ein **viraler Wettbewerb**.

In diesem Fall muss er natürlich von Dauer sein oder regelmäßig veranstaltet werden. Lassen Sie Ihre potenziellen Kunden wissen, dass Ihr Bestell- und Bezahl-system absolut sicher ist. Versichern Sie ihnen, dass Sie alle Anstrengungen unter-nehmen, damit sie online auf der sicheren Seite sind. Die User wollen sich online sicher fühlen. Sie wollen wissen, dass Sie sich um ihr Wohlbefinden kümmern. Erzählen Sie ihnen einfach alles, was Sie für die Sicherheit Ihrer Kunden unternehmen.

Haben Sie immer Visitenkarten bei sich. Darauf sollte unbedingt auch Ihre Webadresse stehen. Händigen Sie eine Karte an jeden aus, den Sie treffen. Denken Sie

nur an all die Menschen, die
Ihnen im Alltag begegnen:
Im Supermarkt, auf dem Postamt,
an der Tankstelle, Verwandte,
Bekannte, Arbeitskollegen,
Verkäufer usw.

Kontaktieren Sie Radiosender
und fragen Sie an, ob sie
Gastsprecher suchen.
Nennen Sie das Gebiet, auf dem
Sie Experte sind, vielleicht
werden Sie für einen Sendung
gebucht. Natürlich sollten Sie
geeignete Sender und
Programme ansprechen, die
auch Interesse an Ihnen und
Ihrem Fachwissen haben.

Schließen Sie sich Vereinigungen
und Vereinen Ihres Geschäfts-
feldes an. Sie könnten Kunden-
adressen austauschen. Sie
könnten neue Wege kennen
lernen, ein Geschäft zu führen
und Sie könnten Ihre Produkte

verkaufen.

Sie könnten auch Ihren eigenen
Business Club gründen. Sie
könnten Private Chat-Rooms,
Message Boards, Artikel usw. zur
Verfügung stellen.
Denken Sie sich einen Domain-
namen für Ihre Website aus, der
leicht zu merken ist. Er sollte in
enger Beziehung stehen zu dem,
was Sie anbieten oder verkaufen.
Falls keine Geschäftsnamen
mehr frei sind, dann könnten Sie
auch Ihren Nachnamen (mit)
verwenden und mit Ihrem
Business kombinieren.
Vermarkten Sie sich selbst.
Der eigene Name erzeugt
Glaubwürdigkeit.

Positionieren Sie Ihre Website
ganz oben bei Pay-per-Click
Suchmaschinen (z.B. Google
AdWords). Sie zahlen nur die von
Ihnen festgesetzte Summe an

Klicks auf Ihre Website. Stellen Sie aber sicher, dass Ihre Gewinne ausreichen, um die Anzeigenkosten zu decken. Falls das nicht der Fall ist, könnten Sie Ihre Website vielleicht mit einem anderen ähnlichen Business teilen und die Kosten gemeinsam tragen.

Erlauben Sie Ihren Kunden, Ihren Traffic oder Ihre Sales zu erhöhen. Dazu fragen Sie sie einfach, wie Sie Ihr Business, Ihre Website oder Ihr Produkt verbessern können. Fragen Sie sie auf Ihrer Website direkt oder im Newsletter, Gästebuch, Chat Room, bei Warenauslieferung usw.

Schließen Sie sich mit anderen Newslettern zusammen, die die gleiche oder eine ähnliche Zielgruppe haben. Legen Sie die Abonnentenlisten zusammen und geben Sie einen Newsletter, ein E-Zine Magazin oder ähnliches gemeinsam heraus. Beide Partner veröffentlichen darin ihre Anzeigen, Ankündigungen etc. Der Top-Anzeigenplatz wird abwechselnd belegt.

Tauschen Sie Sponsor anzeigen mit anderen Websites. Diese Anzeigen erzeugen normaler- weise mehr Traffic und Sales als normale Anzeigen, die oft ignoriert werden, weil man täglich Hunderte sieht.
Sponsor anzeigen sehen meist nicht wie herkömmliche Anzeigen aus. Sie sollten einen Teil Ihrer Arbeiten outsourcen, um Zeit und Geld zu sparen. Dadurch können Sie mehr Zeit und Geld in die Bewerbung Ihres Geschäfts stecken. Sie sparen Geld in Bezug auf Löhne und Gehälter, Raumkosten (Mieten), Trainings- kosten usw. Behalten Sie die

Arbeiten, die Sie gerne tun, damit Sie selber motiviert bleiben, und geben Sie ab, was Sie nicht so mögen.

Fügen Sie eine sogenannte Signatur in alle Emails ein, die Sie versenden. Diese sollte mindestens enthalten:

Firmenname, Webadresse, Telefonnummer.

Geben Sie auch eine kurze Info
oder eine Motto über Ihr Geschäft
oder das Produkt, das Sie
verkaufen.
*Zum Beispiel könnten Sie
schreiben:*

"Wie Sie Ihr Auto in 2 Minuten
oder weniger waschen!"

Verwenden Sie Grafiken und
Bilder auf Ihrer Website, die das
Produkt unterstützen, das Sie
verkaufen wollen. So geben Sie
Ihren Besuchern eine klarere
Vorstellung von dem Produkt
selbst, seinen Vorteilen, dem
Gefühl, wenn man dieses
Produkt besitzt usw. Verwenden
Sie möglichst auch "Vorher"- und
"Nachher"-Bilder.

Bauen Sie mit allen Kunden eine
freundschaftliche, lang
anhaltende Beziehung auf.
Praktizieren Sie guten

Kundendienst und kontaktieren Sie sie regelmäßig. Dies kann durch Geschenke, Grüße, Coupons, Sonderangebote, Erinnerungen, Newsletter, hilfreiche Tipps usw. geschehen.

Knüpfen Sie strategische Allianzen mit anderen Websites. Sie könnten Bannertausch machen und gegenseitig die Produkte des anderen verkaufen, entweder als Einzelprodukt oder in Verbindung mit einem eigenen Produkt etc. Sie könnten auch eine Website gemeinsam erstellen und sie auf der jeweils eigenen Website bewerben. So würden Sie Kosten teilen und Gewinne steigern.

Erhöhen Sie den Wert Ihres Produktes, um Ihre Verkäufe in die Höhe schnellen zu lassen. Fügen Sie beispielsweise kostenlose Boni, Gratis-Service

für Kaufkunden, ein
Partnerprogramm etc. hinzu.

Andere Faktoren, die auch
verkaufsfördernd sind:
Ein eigener, aussagekräftiger
Domainname, professionelles
Webdesign, schöne Produkt-
bilder, ein überzeugender
Verkaufstext.
Gewähren Sie Ihren Kunden
Preisnachlässe, um die
Verkaufszahlen zu steigern.
Sie können einen Discount auf
die Endsumme geben oder auf
die Anzahl der Artikel.
Beispiel:

„Bei einem Einkaufswert von
39 Euro und mehr erhalten Sie
20% Rabatt!"

„Sie erhalten 15% Preisnachlass, wenn Sie 3 oder mehr Produkte kaufen!"

Erlauben Sie Ihren Besuchern, den Content auf Ihrer Website gratis zu verwenden.
Aber machen Sie es stets zur Bedingung, im Gegenzug einen Link zu Ihrer Seite zu setzen. Auf diese Weise wird Ihr Content zu einer Traffic-Maschine, außerdem helfen externe Links, bei Suchmaschinen höher gelistet zu werden.

Veranstalten Sie auf Ihrer Website einen kostenlosen Wettbewerb oder ein Gratis-Gewinnspiel. Es ist einfach eine Tatsache, dass die Leute gerne Dinge gewinnen. Wenn Sie dieses Bedürfnis befriedigen können, werden Besucher kommen. Indem Sie so etwas wöchentlich oder monatlich wiederholen, kommen sie auch wieder auf Ihre Website zurück.

Sie können ebenfalls eine Eintragungsmöglichkeit für Gewinnspiel-Teilnehmer anbieten, damit Sie sie regelmäßig kontaktieren können.

Sparen Sie Zeit und Geld, indem Sie Anzeigen-Eintragungsdienste nutzen. Sie erreichen damit viel schneller einen größeren Teil Ihrer Zielgruppe als bei der eigenen manuellen Anzeigenaufgabe. Nur bei großen, sehr populären Anzeigenmärkten sollten Sie die Anzeigen noch selbst von Hand schalten, weil Sie so eine größere Chance auf bessere Platzierungen haben.

Sorgen Sie für einen guten ersten Eindruck. Sie werden nicht viele Artikel umsetzen, wenn sich Ihre Besucher denken, dass Ihre Website unprofessionell aussieht. Verwenden Sie nur knackige

Bilder, attraktive Farb-Kombi-
nationen, eine lesbare Schriftgröße, gleiche Abstände,
saubere Ränder, fette Überschriften, Zeileneinzug usw. Wie
das im Einzelnen funktioniert und
aussehen sollte, erfahren Sie in
einem der folgenden Kapitel im
Buch.

Schieben Sie nichts auf die lange
Bank und führen Sie alle
Aufgaben zu Ende. Machen Sie
immer nur eine Aufgabe zur
selben Zeit.
Verschwenden Sie keine
Gedanken daran, dass Sie
niemals alles geschafft
bekommen.
Machen Sie das Einfachste oder
das Wichtigste zuerst und
arbeiten Sie dann die Liste nach
unten ab. Streichen Sie jede
erledigte Arbeit durch.

Entwickeln Sie eine Beziehung
zu allen Ihren Besuchern und
Kunden. Sagen Sie es Ihnen,
dass Sie deren Besuch auf Ihrer
Website oder deren Einkauf zu
schätzen wissen. Laden Sie sie
zu Online- und Offline-Events ein
wie etwa Chat-Rooms, Partys,
Business Events usw.

Engagieren Sie einen Business
Coach, der Ihnen hilft, Sie selbst
und Ihr Geschäft zu verbessern.
Das wirkt sich durch besseren
Umsatz, bessere Motivation,
bessere Arbeitseinteilung etc.
aus. Es ist, wie wenn man ein

Extra-Gehirn mietet. Sie
verdoppeln quasi Ihre Denkkraft.

Werden Sie nicht zu bequem in
Bezug auf Ihr Leben oder
Einkommen. Sie sollten sich
immer wieder selber neue Ziele
setzen und neue Verkaufsideen
entwickeln. Die Welt verändert
sich dauernd, und wenn Sie zu
lange pausieren, könnten Sie den
Anschluss verpassen.

Sie leben nur einmal. Stellen Sie
sicher, dass Sie kein Workaholic
werden.
Ihr Kopf braucht auch Auszeiten
vom Geschäft. Das hilft, dass Ihr
Gehirn effizienter funktioniert,
wenn Sie bei der Arbeit sind. Die
beste Zeit, auf profitable Ideen zu
stoßen, ist, wenn Sie nicht daran
denken!

Dann fliegen Sie Ihnen einfach
zu.

Stellen Sie kurzfristige und
langfristige Ziele für Ihr Business
auf und folgen Sie Ihnen. Die
kurzfristigen Ziele erzeugen
frühen Erfolg, während die
langfristigen Ziele zukünftigen
Erfolg kreieren. Legen Sie alle
Ziele so fest, dass sie auf Ihr
großes Hauptziel hinauslaufen.
Ihre Ziele sollten nicht zu
unrealistisch sein, weil sonst
Frustration und Depression
entsteht, die Sie von Ihren Zielen
abhalten.

Suggestionstaktiken der Superlative

Wechseln Sie Ihre Anzeigen regelmäßig.
Ihre (potenziellen) Kunden langweilen sich sonst, immer das Gleiche zusehen. Statistiken zeigen, dass Leute eine Anzeige durchschnittlich 7x sehen, bevor sie kaufen. Ändern Sie sie also ausreichend oft, um Ermüdung und Langeweile beim Kunden zu vermeiden.

Wenn Sie z.B. werben mit:
„GRATIS Killer Marketing E-Book!"

„KOSTENLOSES heißes Marketing E-Book!"

Verringern Sie die Möglichkeit negativer Mundpropaganda.
Sie gibt immer Kunden, die unzufrieden sind. Besänftigen Sie sie so gut wie möglich. Gewähren Sie eine Erstattung, einen Gutschein, einen Rabatt, ein Kompliment, ein Geschenk usw. Bleiben Sie ruhig und höflich, auch wenn solche Kunden verärgert oder frustriert mit Ihrem Geschäft sind.

Setzen Sie den Interessenten eine Frist.
Sagen Sie, dass sie, wenn sie bis 15. September bestellen, einen Preisnachlass oder ein Geschenk bekommen. Das erzeugt eine Dinglichkeit, so dass viele den Kauf nicht hinausschieben.

Beispiel:

„Bestellen Sie bis heute Abend 20.00 Uhr und Sie bekommen ein zweites Produkt Ihrer Wahl gratis dazu!"

Geben Sie den Käufern eine Geld-zurück-Garantie.

Je länger der Garantiezeitraum, desto effektiver: 30 Tage, 2 Monate, 1 Jahr, lebenslang...

Sie könnten auch anbieten, den Kaufbetrag doppelt oder dreifach zurückzuzahlen. Oder Sie setzen einen bestimmten Betrag fest.

Sie könnten auch erlauben, das Produkt nach Rückerstattung des Geldes zu behalten – wenn Sie sich das leisten können.

Bieten Sie kostenlosen Reparaturservice zuhause beim Kunden an.

Das ist sehr bequem, denn der Kunde muss das Produkt nicht verpacken und versenden. Und er muss außerdem weniger lange darauf verzichten. Wenn das Produkt doch eingesandt werden muss, bieten Sie wenigstens Übernahme der Versandkosten an.

Drucken Sie Kundenbewertungen in Ihrem Verkaufstext mit ab.

Sie geben Ihrem Angebot mehr Glaubwürdigkeit. Es ist wichtig, den vollen Namen der Person anzugeben, sowie den Wohnort.

Beispiel:

Jon Goodhart, Automechaniker, Würzburg.

Geben Sie den Kunden kostenlose Boni,
wenn sie Ihr Produkt oder Ihren Service bestellen. Das könnten Bücher, E-Books, Schmuck, Newsletter und vieles andere sein. Lassen Sie Ihre Gratiszugaben so wertvoll wie möglich erscheinen, indem den regulären Verkaufspreis nennen (einzeln oder in einer Gesamtsumme). Oder setzen Sie eine Frist, wie lange Sie dieses Angebot aufrecht erhalten.

Geben Sie Kunden die Möglichkeit, Geld zu verdienen durch den Wiederverkauf Ihres Produktes. Erwähnen Sie, dass sie an Ihrem Affiliate Programm teilnehmen können, falls sie bestellen. Vergüten Sie pro Verkauf, pro Empfehlung oder pro Klick.

Versorgen Sie Ihre Partner mit getestetem Werbematerial, detaillierten Statistiken und Training. Bieten Sie kostenlose 24-Stunden-Hilfe zu allen Produkten, die Sie verkaufen. Erlauben Sie Kunden, Ihnen Fragen zu stellen per Email oder Telefon/Fax (möglichst gebührenfrei) etc. Wenn Ihnen das nicht möglich ist, beantworten Sie die Fragen wenigstens kurzfristig innerhalb von 24 Stunden.

Lassen Sie sie bei Abwesenheit
per automatische Antwortmail
wissen, dass Sie die Nachricht
erhalten haben, und so bald wie
möglich antworten werden.

**Liefern Sie stets
versandkostenfrei.**
Wenn Sie sich das nicht leisten
können, dann wenigstens ab
einem bestimmten Bestellwert.
Wenn möglich, verschenken Sie
Probeexemplare / Leseproben
Ihres Produkts. Sie gewinnen das
Vertrauen von Verbrauchern,
wenn Sie Ihnen erlauben, Ihr
Produkt auszuprobieren. Wenn
sie es mögen, werden Sie auch
kaufen. Die Probe sollte nur
einen Vorgeschmack des
eigentlichen Produktes geben.
Beliebt sind "buy-one, get-one-
free"-Angebote.
Wenn Sie mehr als ein Produkt
verkaufen, funktioniert diese

Methode großartig.
Verbraucher haben dann das
Gefühl, dass sie mehr für ihr Geld
bekommen und bestellen
schneller.

Variationen sind:

'buy one, get one half', 'buy two,
get the third one free', 'buy two,
get a free watch', etc.

**Erhöhen Sie die Zahl
wiederkehrender Besucher**,
indem Sie einen kostenlosen
Kurs auf Ihrer Website anbieten.
Am besten veröffentlichen Sie
jede Woche eine neue Lektion,
oder eine Lektion pro Woche im
live Chat-Room oder im
Autoresponder.

Stellen Sie sicher, dass die Grafiken auf Ihrer Website vollständig laden. Unvollständige Graphiken lassen Ihr Business unprofessionell erscheinen. Das gilt auch für sich nicht öffnende Links oder langsam ladende Bilder.

Denken Sie daran:

Für User sind andere Websites nur ein paar Mausklicks entfernt! Verwenden Sie auf Ihrer Website keine Animationen. Sie lenken die Aufmerksamkeit von Ihrem Verkaufstext ab und machen die Seite nur langsamer. Schreiben Sie die Nachricht einfach auf Ihre Website und herben Sie sie hervor durch Farbe, größere Schriftgröße usw. Machen Sie den Text auf Ihrer Website interessant zum Lesen. Das kann geschehen durch Verwendung von Begriffen, die das Gefühl ansprechen, durch beschreibende Eigenschaftswörter, farbliche Hervorhebung von Schlüsselwörtern, Ausrufezeichen usw. Wenn Sie zum Ausdruck bringen können, wie begeistert und überzeugt Sie von Ihrem Produkt oder Service sind, überträgt sich das meist auch auf Ihre Kunden.

Sie könnten Ihre Besucher auch offline kontaktieren. Wenn sie Ihnen offline Kontaktinformationen gegeben haben, könnten Sie sie nutzen für verkaufsneutrale Grußkarten, freundliche Anrufe, kleine Geschenke usw. Damit bereiten Sie spätere Verkäufe vor, denn wenn Sie Verkaufsangebote machen, werden die Interessenten mehr empfänglich dafür sein.

Verwenden Sie Gästebücher, um Ihre Website zu verbessern.

Ihre Besucher hinterlassen gute und schlechte Kommentare. Lesen und nutzen Sie sie für Verbesserungen. So finden Sie wichtige Dinge heraus, etwa über die Navigation auf Ihrer Website, ob das Design professionell ist etc. Überprüfen Sie regelmäßig das Ranking Ihrer Website in den Suchmaschinen. Das kann manchmal wegen des harten Wettbewerbs schnell sinken. Bleiben Sie immer informiert über neue Suchmaschinen-Strategien, indem Sie regelmäßig entsprechende Spezialseiten besuchen, Fach-Newsletter

abonnieren, Ratgeber-E-Books
kaufen usw.

**Lassen Sie den Preis für Ihr
Produkt kleiner erscheinen,**
indem Sie ihn auf eine bestimmte
Zeit bezogen umrechnen. So
könnten Sie Ratenzahlung
anbieten. Rechnen Sie den Preis
auf Kosten pro Tag um:
„Das entspricht nur 33 Cent pro
Tag!"
Wenn es sich um ein
Informationsprodukt handelt,
könnten Sie den Kaufpreis durch
die Anzahl der Kapitel oder
Seiten dividieren. Bewerben Sie
Ihr Produkt schon im Content
Ihrer Website.

Wenn Sie Fachartikel schreiben,

flechten Sie geschickt eine Erwähnung Ihres Produktes oder Ihrer Dienstleistung mit ein. Sie können auch in der Ressource Box am Ende des Artikels einen Hinweis unterbringen.

Aktualisieren Sie den Content auf Ihrer Website regelmäßig. Fügen Sie neue Informationen hinzu und passen Sie die bestehenden an. Die Leute wollen zeitgemäße Infos, die ihnen sagen, wie man etwas jetzt tut, nicht wie man etwas vor 10 Jahren gemacht hat. Das ist ein weiterer Grund, warum Sie sich selber immer weiterbilden müssen. Bitten Sie jeden Besucher, sich für Ihren Newsletter einzutragen. Es hat sich bewährt, mit der Eintragung ein Geschenk zu verbinden.

Newsletter-Abonnenten sind geneigter, Ihren Content und Ihre Angebote zu lesen, sich für Ihr Partnerprogramm anzumelden, Ihre Seite wieder zu besuchen usw. Die Vorteile sind schier endlos.

Lassen Sie Ihre Besucher erst die Emailadresse angeben, bevor sie ein Gratis-E-Book downloaden können.
Das Thema des E-Books muss von großem Interesse für Ihre Zielgruppe sein.
Wenn das E-Book als wertvoll und nützlich eingeschätzt wird, nehmen sich die Besucher auch die Zeit, sich einzutragen.
Verbinden Sie gleichzeitig damit die Erlaubnis, Ihren Newsletter zusenden zu dürfen.

**Gewähren Sie Ihren Besuchern
eine kostenfreie Mitgliedschaft**
auf Ihrer Members-Only-Website.
Voraussetzung ist, dass sie die
Emailadresse preisgeben, damit
Sie ihnen das Passwort
zusenden können.
Geben Sie einen Newsletter
heraus, der nur für Mitglieder ist.
So können Sie sie jederzeit und
so oft Sie wollen nachbewerben
und Ihre Website wieder
besuchen lassen.

**Halten Sie auf Ihrer Website
Gewinnspiele oder
Wettbewerbe ab.**
Dazu müssen die Teilnehmer ihre
Kontaktinformationen, zumindest
ihre Emailadresse, angeben.
Lassen Sie sich gleichzeitig die
Erlaubnis geben, neue Angebote
zusenden zu dürfen.

Per Email geben Sie auch die Gewinner bekannt und können zu neuen Veranstaltungen einladen.

Bieten Sie Ihren Besuchern die Möglichkeit der kostenlosen Beratung per Email.
Über ein vorbereitetes Online Formular können sie Ihnen Fragen stellen. Wenn Sie antworten, sollten Sie ein Produkt empfehlen, das zur Problemlösung beiträgt. Wenn Sie kein entsprechendes eigenes Produkt haben, empfehlen Sie das eines Partnerprogramms, bei dem Sie sich eingetragen haben. Kauft der Fragesteller dort, erhalten Sie eine Provision (Affiliate Marketing).

Führen Sie Abstimmungen und Umfragen über Ihre Website durch.

Bitten Sie Besucher, Ihnen per Email deren Wahl oder Meinung mitzuteilen. Senden Sie ihnen daraufhin eine E-Mail, in der Sie sich für die Teilnahme bedanken und auch ein Produkt erwähnen, dass Sie anbieten. Bitten Sie sie auch, sich in Ihren Newsletter einzutragen, um das Umfrage-Ergebnis zu erfahren und laufend interessante Infos zu erhalten.

Bitten Sie Besucher, die eine Website haben, sich für eine Preisverleihung zu bewerben

(bei der z.B. das Design bewertet wird). Auch so erhalten Sie wieder die Emailadresse. Mailen Sie dem Webmaster das Ergebnis zu, ob er etwas gewonnen hat oder nicht. In der Email-Signatur erwähnen Sie

wieder eines Ihrer Produkte.
Bitten Sie Ihre Website-
Besucher, eine Umfrage
auszufüllen. Geben Sie jedem ein
Geschenk dafür. Das könnte ein
interessantes E-Book sein, in
dem sich auch Ihre Anzeigen
befinden.

Professionelle Überzeugungs- künste

Versehen Sie Ihr Produkt mit Nachdruck-/Reproduktions- Rechten.
Das erhöht den Wert, weil Käufer damit Geld verdienen und ein Geschäft starten können.
Sie sollten auch einige Ihrer Werbeangebote in oder an Ihrem Produkt platzieren.
Je mehr davon verkauft werden, desto öfter wird Ihre Werbung gesehen.

Machen Sie aus Ihrem Produkt eine richtige Marke.
Auch das erhöht in den Augen der Leute den Wert, weil sie glauben, dass Markenartikel von

besserer Qualität sind.

Wenn Sie Ihr Produkt schnell mit einem Markennamen versehen wollen, dann tun Sie sich mit einem Anbieter zusammen, der bereits einen Namen hat und verwenden Sie seinen Namen und Ruf mit. Bieten Sie dafür eine Gewinnbeteiligung an.

Nehmen Sie an Foren teil,
die Bezug haben zu Ihrem Produkt. Beginnen Sie eine Unterhaltung mit jemand, ohne Ihr Produkt zum Verkauf anzubieten. Im weiteren Verlauf der Unterhaltung erwähnen Sie beiläufig Ihr Produkt. Oft endet das damit, dass Sie wieder einen Verkauf erzielt, eine Freundschaft gewonnen und einen Joint Venture Partner gefunden haben.

Schreiben Sie ein E-Book,

in dem Ihre Werbung und
Affiliate-Links enthalten sind. Das
Thema dieses Gratis-E-Books
sollte populär sein, so dass Ihr
Zielpublikum es unbedingt
downloaden möchte.
Melden Sie es auch bei E-Book-
Verzeichnissen an. Je mehr
Verbreitung Ihr E-Book bekommt,
desto mehr wird Ihre
Eigenwerbung gesehen, was
letztendlich zu mehr Verkäufen
führt.

**Starten Sie Ihr eigenes
Partnerprogramm-Verzeichnis.**
Nehmen Sie an einer großen
Zahl von Affiliate Programmen
teil und listen Sie sie alle in
einem Verzeichnis auf Ihrer
Website. Bewerben Sie nun
dieses kostenlose Verzeichnis.
Sie werden Provisionen und
Unterprovisionen von
geworbenen Partnern verdienen.

Sie können auch einen Newsletter mit Partnerprogramm-
Themen herausgeben.

**Erstellen Sie Ihre eigenen
Affiliateprogramm-Anzeigen.**
Wenn Sie dieselben Anzeigen
verwenden wie all die anderen
Affiliates, ragen Sie aus Ihren
Mitbewerbern nicht hervor
(Alleinstellungs-Merkmal!). Seien
Sie anders, um sich einen Vorteil
zu verschaffen. Wenn Sie eigene
Unterpartner haben, raten Sie
ihnen, dasselbe zu tun.

**Verwenden Sie Werbung mit
Ihrer persönlichen
Verbrauchermeinung**
Aber nur, wenn Sie das
betreffende Partnerprogramm-
Produkt auch <u>selbst</u> ausprobiert
haben, damit Sie ehrlich
berichten können. Schreiben Sie,

welche Vorteile das Produkt für
Sie hatte und welche Resultate
Sie damit erzielten.

Erwähnen Sie das Produkt, das
Sie anbieten, auch in Ihrer Email-
Signatur.

**Verwenden Sie eine
Aufmerksamkeit erzielende
Schlagzeile**
und nennen Sie einen guten
Grund, Ihre Affiliate Seite zu
besuchen. Schreiben Sie nicht
mehr als 5 Zeilen. Erwähnen Sie
auch Ihren Namen, den Namen
Ihres Unternehmens und
Kontaktmöglichkeiten.

**Schließen Sie sich sozialen
Netzwerken an.**
Das sind überaus populäre
Portale wie Facebook, Twitter,
Instagram und viele andere, die
Abermillionen Mitglieder haben.

Bauen Sie sich eine Gemeinde mit gleichgesinnten Freunden und Kunden auf. Kaufen Sie sich Spezial-E-Books, die Tipps und Tricks vermitteln, wie Sie Social Networking profitabel einsetzen können.

Nehmen Sie an Diskussionen im Web teil.
Posten Sie Ihre Kommentare, beantworten Sie Fragen anderer Teilnehmer und stellen Sie selbst Fragen. Setzen Sie Ihren Affiliate-Text Link unter jede Nachricht, die Sie posten (falls erlaubt).
Wenn andere Ihren Beitrag lesen und ihn mögen, dann klicken sie auch auf den Link, um zu sehen, was Sie sonst zu bieten haben.

Geben Sie einen kostenlosen Newsletter heraus.

Benutzen Sie diesen Newsletter auch, um Ihre Affiliate-Programme zu bewerben. Tragen Sie Ihren Newsletter in entsprechende Newsletter-Verzeichnissen ein und bewerben Sie ihn auf Ihrer eigenen Website. Tauschen Sie Newsletter-Anzeigen mit anderen Herausgebern.

Starten Sie eine private, nicht öffentliche Website.
Verwenden Sie den Zugang dazu als Bonus für Kunden, die eines Ihrer Produkte gekauft haben. Bewerben Sie darin weitere Partnerprogramme. Sie könnten darüber hinaus einen speziellen Insiderbereich kreieren, zu dem man nur gegen ein kostenpflichtiges Upgrade Zugang hat. Versorgen Sie Ihre Besucher mit Content, den sie nirgendwo sonst lesen können. Das lässt sie länger auf Ihrer Website verweilen. Sie könnten Ihnen auch ermöglichen, im Archiv alte Newsletterausgaben zu lesen.
Sie könnten aber auch eine kleine Gebühr verlangen, denn den Content ist einmalig und nirgendwo sonst zu haben. Weisen Sie Ihre Besucher darauf hin, dass sie Ihren Content ausdrucken können. Während

des Ausdruckens stöbern sie sicherlich weiter durch Ihre Website. Sie lesen das Ausgedruckte zuhause, im Büro oder sonst wo und andere Leute könnten sich ebenfalls dafür interessieren, Ihre Website besuchen und Ihren Newsletter abonnieren.

Gewähren Sie Ihren Website-Besuchern ein Geschenk, wenn sie sich die Zeit nehmen, eine Umfrage auszufüllen. Das verlängert ebenfalls wieder die Verweildauer und am Ende kaufen sie vielleicht etwas. Die Umfrage könnte wissen wollen, welche Art von Produkten sie wünschen, was sie über Ihren

Service denken, wie ihnen Ihre
Website gefällt usw.

**Bieten Sie Ihren Besuchern
gratis Software,**
die sie auf Ihrer Website
runterladen können. Während der
Wartezeit lesen Sie
wahrscheinlich Ihre Anzeigen und
Angebote. Wenn möglich, sollten
Sie Ihre Werbung auch in der
Software unterbringen, so dass
die User Sie auf jeden Fall
sehen, wenn sie das Programm
öffnen.
All das hilft, mehr Verkäufe zu
erzeugen!

Bieten Sie Ihren Besuchern ein riesiges Online-Verzeichnis an Informationen,
das sie durchsuchen können.
Dieses Verzeichnis muss
Informationen enthalten, die Ihre
Besucher suchen und benötigen.
Es könnte bestehen aus:
Nachrichten, Fachartikeln,
Interviews, Fallstudien,
Umfrageergebnissen, Online-
Audio, Online-Video, E-Books,
Reporten usw.

Stellen Sie sicher, dass Ihre Seiten schnell laden,
damit die Besucher nicht genervt
wegklicken. Zeit ist wertvoll;
keiner will sie verschwenden, nur
weil die Seite lange braucht, sich
aufzubauen.

Verwenden Sie nicht zu viele
Bilder und Firlefanz, sonst gehen
Ihre Anzeigen vielleicht unter.
Sagen Sie Ihren Besuchern
gleich zu Anfang, was sie auf
dieser Website erwartet. Wenn
die Leute nämlich etwas konfus
sind, könnten sie zu früh
wegklicken. Erwähnen Sie die
Vorteile, die Ihre Seite bietet, was
man hier bekommt und machen
kann,
wie z.B:
Fachartikel gratis lesen,
kostenlos E-Books downloaden,
den Gratis-Newsletter,
Problemlösungen usw.

**Ihre Website sollte unbedingt
einen professionellen Eindruck
machen.**
Die User klicken ganz schnell
weiter, wenn Sie Rechtschreib-
und Grammatikfehler finden.
Auch mögen sie keine

unvollständigen Grafiken und toten Links. Stellen Sie sicher, dass die Hintergrundfarben das Lesen des Textes nicht erschweren.

Halten Sie zu besonderen Zeiten und an Feiertagen Sonderverkäufe ab.
Vor Weihnachten, Ostern, zu Halloween oder an Ihrem Geburtstag könnten z.B. alle Artikel zu halben Preis erhältlich sein. Solche „Holiday"-Aktionen sind glaubhafte Gründe für Preisnachlässe.

Verwenden Sie Schlagzeilen und Überschriften überall in Ihrem Verkaufstext.
Diese fesseln die Aufmerksamkeit des Lesers. Sie lassen ihn den Text und Ihre Website länger studieren. Produzieren Sie auch einfache kleine Videos. Sie erreichen mit Abstand die höchste Aufmerksamkeitsquote. Viele Videos auf YouTube darf man auch auf seiner Website einbetten.

Bringen Sie bunte Bilder und farbenfrohe Schaubilder in Ihrem Verkaufstext unter.
Besonders Schaubilder mit verschiedenen Farben sind richtige Blickfänge.
Außerdem unterstützen Sie die Aussagen über Ihr Produkt bzw. Ihre Dienstleistung. Sie sind auch leichter verständlich. Heben Sie

starke Kaufanreize besonders hervor.

Starke Kaufanreize sind z.B.: Gratiszugaben, Geld-zurück-Garantien, Kundenzeugnisse, Sonderangebote, Rabatte usw. Versehen Sie sie mit einer Umrandung, geben Sie ihnen einen anderen farblichen Hintergrund, gruppieren Sie Symbole oder Grafiken dazu usw.

Verwenden Sie kurze Sätze und Phrasen in Ihrem Werbetext.
Eine kleine Anzahl von Wörtern kann leichter mit einem Blick erfasst werden. Wenn man erst lange Sätze oder ganze Abschnitte lesen muss, um die Botschaft zu verstehen, kann es gut sein, dass die Interessenten nicht von Ihnen kaufen. Heben

Sie im Verkaufstext sämtliche
Schlüsselwörter und wichtigen
Phrasen hervor. Dazu stehen
Ihnen viele Mittel zur Verfügung:
Fettdruck, unterstreichen,
unterschiedliche Farben, andere
Schriftarten, Kursivdruck,
Symbole u.v.a.m.
Bilder erregen Aufmerksamkeit.
Darum sollten Sie im Kopf einer
Anzeige platziert werden, aber
auch sonst überall im Werbetext.

**Eine beeindruckende Technik
sind Vorher-Nachher-Bilder**
von Leuten, die Ihr Produkt
verwendet haben. Sie geben
Ihrem Publikum eine deutlichere
Vorstellung von dem, was Sie
anbieten. Und es hilft ihnen, für
sich selbst die Vorzüge Ihres
Produktes zu visualisieren.
Texten Sie eine Schlagzeile, die
sofortige Aufmerksamkeit erregt.

Dazu stehen Ihnen viele Stilmittel zur Verfügung:
Fragen, Warnungen, Geschenke, Garantien, Nachrichten, Testimonials, statistische Zahlen, Vorteilsnennung usw.

Heben Sie die Keywords und Keyword Phrasen besonders hervor
gegenüber dem normalen Text. Diese Technik wirkt Wunder in Überschriften. Die Interessenten sehen sie zuerst, weil es für das Auge leichter zu erfassen ist. Sie könnten für Überschriften und Schlagzeilen eine andere Schriftart verwenden, als im eigentlichen Werbetext. Listen Sie die Vorteile Ihres Produktes nicht nur tabellarisch auf, sondern stellen Sie zur besonderen Betonung vor jedem Punkt noch ein Symbol davor. Dieses Symbol könnte ein dicker

Punkt, ein Stern, ein Pluszeichen,
ein Haken, ein Ausrufezeichen
oder ähnliches sein. Jeder
einzelne Vorteil sollte wie eine
Schlagzeile kurz und bündig
geschrieben sein.

Methodische Kaufanreize

Machen Sie Websites mit hohem Besucheraufkommen das Angebot,
Exklusiv-Artikel zu schreiben (die Sie nur dort veröffentlichen), wenn Sie im Gegenzug einen Back Link auf Ihre Seite erhalten. Das Angebot könnten Sie auch Herausgebern von Newslettern machen, die sehr viele Leser haben. Bei einem Exklusiv-Angebot werden Sie schneller veröffentlicht als sonst üblich. Bauen Sie sich ein positives Online-Image auf. Lassen Sie Ihre Besucher wissen, welche Projekte Sie mit gesponsert haben oder dass Sie einen Teil

Ihres Gewinns sozialen
Einrichtungen spenden.

Beispiel:

"Wir spenden regelmäßig etwa
10 Prozent unseres Gewinns
gemeinnützigen Einrichtungen
und Hilfsorganisationen."

**Verbessern Sie Ihren
Kundendienst regelmäßig.**
Probieren Sie neue Technologien
aus, die es erleichtern, über das
Internet mit Ihren Kunden zu
kommunizieren. Sie könnten zum
Beispiel per Telefon, SMS, Social
Networks, Foren, Video-
Konferenzen, Email usw.
kommunizieren.
Fragen Sie Ihre Kunden, was Sie
zukünftig von Ihrem Geschäft
erwarten. Diese Informationen
können Ihre Verkaufszahlen
gewaltig steigern. Sie könnten

beispielsweise herausfinden, dass viele Leute interessiert wären, Ihre Produkte auf DVD oder als Hörbücher zu kaufen. Nun müssen Sie nur noch entsprechende Lieferanten finden und das Gewünschte produzieren. Stellen Sie sicher, dass Ihr Webhoster Sie keine Verkäufe kostet.

Wenn Sie von jemand eine E-Mail bekommen, der Sie informiert, dass er Ihre Website nicht besuchen konnte, dann könnte das vielleicht an Ihrem Host liegen.

Fragen Sie letzteren, welches Backup-System er verwendet, um sicherzustellen, dass Ihre Website immer erreichbar ist und Umsatz generieren kann.

Gestalten Sie den Aufenthalt auf Ihrer Website so angenehm wie möglich.

Das heißt: leichte Navigation, guter Content, schnell ladende Grafiken, Suchfunktion usw.

Sie könnten auch Onlinespiele anbieten,

die einen Bezug zu Ihrem Website-Thema haben. Sie könnten sogar Preise an die Spieler mit den höchsten Punktzahlen verteilen. Wechseln Sie die Gratis-Zugaben auf Ihrer Website.

Wenn die Leute immer wieder dieselben Geschenke sehen, sagen sie sich nur „Kenn ich schon" oder „Hab ich schon".

Wenn Sie aber z.B. jeden Monat etwas Neues kostenlos abgeben,

kommen die Leute auch
regelmäßig zurück.

Fügen Sie Ihrer Website ein Verzeichnis bei.

Wenn Besucher ihre eigene
Website eintragen, bestätigen Sie
Ihnen per Email, dass deren Link
hinzugefügt wurde und erinnern
Sie sie, Ihre Seite wieder zu
besuchen. In dieser
Bestätigungsmail könnten Sie ein
Produkt erwähnen, dass Sie
verkaufen. Sie könnten auch eine
Erinnerungsmail schicken, bevor
die Eintragung abläuft (falls die
Eintragungen zeitlich begrenzt
sind).

Organisieren und planen Sie Ihre Marketing- und Werbeaktivitäten.
Erstellen Sie einen Tages-, Wochen- und Monatsplan und einen Plan für alle zukünftigen Aktionen. Versuchen Sie, Ihrem Plan jeden Tag Schritt für Schritt zu folgen. Damit werden Sie mehr systematisch und organisiert mit Ihrer Zeit und Arbeit umgehen. Wenn etwas nicht funktioniert, sollten Sie nicht zögern, Anpassungen vorzunehmen. Tauschen Sie nur Links mit Webseiten, die Sie und Ihre Zielgruppe besuchen würden. Diesen sollten wertvollen Content bieten oder Kostenlosigkeiten. Es ist kein Fehler, Ihre Website mit wegführenden Links zu füllen,

solange sie interessant und
nützlich für Ihre Zielgruppe sind.

**Geben Sie kostenloses Online-
Werkzeug ab.**
Wenn Sie etwas anbieten, das
ein Problem lösen kann, werden
auf jeden Fall Besucher auf Ihre
Seite kommen.
Sie können auch anderen
erlauben, es zu verschenken,
solange Ihre Werbeanzeige
enthalten ist. Das wäre ein sehr
mächtiges virales Marketing Tool.

**Bieten Sie ein kostenloses
Partnerprogramm an.**
Wenn Sie anderen Menschen
eine gute Gelegenheit geben,
Geld zu verdienen, werden Sie
Schlange stehen, Ihre Website zu
besuchen.

Zahlen Sie faire und hohe Provisionen, geben Sie Affiliate-Training und -Unterstützung, ein gutes Trackingsystem, getestete und erprobte Anzeigen und überzeugende Vergünstigungen.

Versorgen Sie Ihre Kundschaft auch mit neuen Nachrichten, die Bezug zu Ihrer Seite haben. Die Leute wollen aktuelle Nachrichten zu dem Thema, das sie interessiert.
Sie können auch "How to do"-Ratgeber anbieten. Wenn es in den Nachrichten ein populäres Thema gibt, versuchen Sie es irgendwie in Bezug zu Ihrer Website zu bringen.

**Offerieren Sie Ihren Besuchern
eine kostenlose "Community".**
Die Menschen mögen Plätze, wo
sie sich mit anderen austauschen
und über ein bestimmtes Thema
diskutieren können. Sie können
auch mehrere Online
Communities kreieren. Wenn Sie
z.B. Gartengeräte verkaufen,
könnten Sie ein Forum gründen,
in dem Gärtnertipps behandelt
werden, während in einem Chat-
Room über die Anwendung von
Gartenwerkzeugen diskutiert
wird.

**Geben Sie den Usern ein
sicheres Gefühl, wenn Sie
bestellen.**
Erklären Sie ihnen, dass Sie
deren Emailadresse nicht
verkaufen und alle persönlichen

Informationen vertraulich behandeln. Veröffentlichen Sie auf Ihrer Website Ihre strengen Datenschutz-Richtlinien und erläutern Sie detailliert, wie sicher der Bestellvorgang ist.

Bieten Sie Proben bzw. Leseproben Ihrer Produkte. Dadurch kommen Besucher auf Ihre Website und können Ihr Produkt näher kennen lernen. Sie können auch anderen Marketern erlauben, Proben bzw. Leseproben Ihres Produktes zu verschenken. Es wäre sozusagen ein viraler Vorverkauf. Machen Sie Ihren Verkaufstext attraktiv. Er sollte noch vor den Features die Vorteile auflisten.

Integrieren Sie Garantien und Kundenmeinungen.

Ihr Verkaufstext sowie Ihre Anzeigen sollten leicht zu lesen sein, alle Fragen des Interessenten beantworten, verschiedene Bestell- bzw. Bezahlmöglichkeiten anbieten und – äußerst wichtig – dazu auffordern, jetzt und nicht später zu kaufen. Veranlassen Sie Besucher, auf Ihre Seite wieder zurückzukommen. Die meisten kaufen in der Regel nicht beim ersten Mal.

Aber je öfter sie Ihre Website wieder besuchen, desto größer wird die Chance, dass sie es schließlich tun. Dies kann mit einem Newsletter geschehen, mit einem Autoresponder-Kurs, mit periodischen Aktionen und Events usw. Lassen Sie die Interessenten mehr über die Geschichte Ihres Geschäfts erfahren. Sie fühlen sich besser, wenn sie wissen, wer SIE sind, von dem sie kaufen. Sie könnten Angaben machen, wann Sie Ihr Geschäft starteten, warum Sie gerade dieses Gebiet gewählt haben, welche Ausbildung Sie haben, wie viele Angestellte Sie haben und vieles mehr.

Geben Sie Kaufinteressenten verschiedene Bezahloptionen. Akzeptieren Sie elektronische Bezahlsysteme, Kreditkarten, Schecks etc. Seien Sie offen für neue Dienst Anbieter. Sie könnten sehr populär werden und die Zukunft sein und die sollten Sie nicht verpassen.

Verwenden Sie Gegenteil-Psychologie in Ihren Banneranzeigen.
Dabei sagen Sie dem Leser, NICHT auf die Anzeigen zu klicken.

Beispiel:

„Nicht klicken, wenn Sie mit Ihrem Aussehen zufrieden sind!"
„STOP! Nicht klicken, es sei denn, Sie sind reich!"

Machen Sie Ihre Banneranzeigen so attraktiv wie möglich.
Benutzen Sie Wörter wie „super", „mächtig", „heiß", „neu" usw. Ihre Wortwahl sollte in Beziehung zu Ihrem Angebot stehen und es hervorheben. Sie sollten auch spezielle Wendungen verwenden.

Beispiel:

„Klicken Sie hier, um Ihren Traffic um 120% zu steigern!"

Machen Sie schon in der Banneranzeige ein Rabatt-Angebot. Die Menschen suchen immer nach Schnäppchen. Sie können einen Rabatt in Prozenten oder in Euro ausdrücken, einen Buy-one-get-one Discount usw.

Beispiel:

"50% Preisnachlass für unser neues Viral Marketing EBook! Klicken Sie hier!"

Arbeiten Sie mit Testimonials in Ihren Bannern. Kundenaussagen geben das Gefühl, dass man seine Zeit nicht verschwendet, wenn man auf den Banner klickt. Die Aussage sollte genug Info enthalten, dass man das Angebot versteht. Sie können Leser aber auch neugierig machen, so dass sie das Testimonial lesen wollen.

Beispiel:

"Erfahren Sie, was (BEKANNTE PERSON) über unser Marketing E-Book sagt!"

Sie können Ihren potenziellen Kunden auch eine Ratenzahlung anbieten
Sagen Sie, dass man Ihr Produkt oder Ihre Dienstleistung auch in Monatsraten zahlen kann.

Beispiel:

„Sie können unser Produkt in 3 bequemen Monatsraten à XX Euro bezahlen!"

Eine andere Idee wäre, eine der Raten später in Ihrem Verkaufstext zu streichen. Verwenden Sie eine starke Garantie in Ihrer Banneranzeige. Sie könnten diese Garantie auch in die Schlagzeile Ihres Angebotes integrieren,

wie z.B.:

„Verdoppeln oder verdreifachen Sie Ihre Geld-zurück-Garantie"
„Ihre lebenslange Geld-zurück-Garantie"
„Behalten Sie unser E-Book, auch wenn Sie Ihr Geld zurück haben wollen!"

Sagen Sie ausdrücklich, dann man auf Ihren Banner klicken soll. Neulinge im Internet wissen vielleicht noch nicht, dass man auf Banner klicken kann.

Einfaches „Hier klicken" erhöht
auch nachweislich die Klickrate.

Sie können die Aufforderung wie
folgt noch verstärken:
"Klicken Sie jetzt HIER!"
„Klicken Sie hier, bevor es zu
spät ist!"

Sie können auch mit einer Probe
oder Leseprobe werben. Das
signalisiert Lesern, dass es ohne
Risiko und Verpflichtung ist,
wenn sie auf den Banner klicken
und Ihr Produkt oder Ihren
Service testen.

Beispiele:

"GRATIS ein Kapitel aus dem E-
Book...!"
"Kostenlose
Probemitgliedschaft...!"

Teilen Sie den Leuten schon in der Banneranzeige den Hauptvorteil Ihres Produktes mit.

Das könnten Dinge sein wie

'Geld verdienen',
'Geld sparen',
'abnehmen',
'Zeit gewinnen'
u.v.a.m.

Beispiel:

"Nehmen Sie 20 Pfund in einem Monat ab!"
„Machen Sie 200 Euro täglich!"

Sie könnten in der Banneranzeige etwas Kostenloses anpreisen. Das Geschenk sollte Bezug zu Ihrer Zielgruppe haben. Die Menschen lieben einfach Geschenke.

Wenn es attraktiv ist, klicken
diese auch auf Ihren Banner.

Beispiel:

„Gratis Geldverdienst-
Newsletter!"
„Gratis-E-Book mit Gartentipps!"
"7-teiliger Investment-Kurs!"

Die richtig smarten Profiteinsichten

Halten Sie Besucher so lange wie möglich auf Ihrer Website. Erlauben Sie Ihnen, Gratis-E-Books runterzuladen, an Wettbewerben teilzunehmen, kostenlos Online-Services zu nutzen etc. All das hilft, Ihre Verkaufszahlen zu steigern. Sie könnten auch Pop-up-Fenster, Pop-under-Fenster und Exit-Popups verwenden.
Allerdings sollten Sie wissen, dass diese manchen Besucher auch nerven. Ahnen Sie voraus, was Besucher nicht an Ihrem Produktangebot gefallen könnte. Sie müssen herausfinden, was Ihre Zielgruppe braucht und mag und was nicht.

Zum Beispiel könnte sie kein Business mögen, das auf kostenlosen Website Domains untergebracht ist. Oder sie könnten nicht auf einer Website kaufen wollen, die keine Schecks akzeptiert. Stellen Sie in Ihren Verkaufstexten keine unglaubwürdigen Behauptungen auf. Die Leute sind nicht dumm und glauben Ihnen nicht alles.

Mit Aussagen wie:

"Sie können 1 Million Euro in 2 Tagen verdienen"
„Sie können mit Prospekte falzen zuhause 2000 Euro am Tag machen!"

..tun Sie sich selbst keinen Gefallen.

Wählen Sie für Ihr Geschäft und Produkt einen guten Namen. Diese Namen sollten leicht zu merken sein und das Produkt beschreiben, das Sie anbieten. Namen, die sich reimen, behält man besonders leicht im Gedächtnis. Wenn Sie Informationsprodukte anbieten, können Sie Verlag oder Publisher im Geschäftsnamen verwenden. Verwenden Sie keine beleidigenden Worte und Phrasen.

Reagieren Sie auf Kundenbeschwerden schnell und freundlich. Je schneller Sie reagieren, desto mehr hat Ihr Kunde das Gefühl, dass Sie sich um ihn kümmern. Sie könnten eine praktische FAQ (Liste mit häufig gestellten Fragen) erstellen. Sie könnten auch mehrere Kontaktmöglichkeiten einrichten, also nicht nur Email, sondern auch Telefon, Fax, SMS, Skype usw.

Denken Sie nie, Ihre Kunden sind mit dem Kauf allein zufrieden. Sie sollten ständig nach Wegen suchen, Ihr Produkt bzw. Ihre Dienstleistung zu verbessern.

Sie könnten kostenlose Überraschungsgeschenke machen, Kundenumfragen durchführen usw. Nehmen Sie Meinungen und Fragen ernst und nutzen Sie sie, um Ihr Produkt zu verbessern. Vermarkten Sie sich selbst ebenso gut wie Ihr Produkt. Sie könnten Artikel und E-Books schreiben, Gratis-Beratungen durchführen, Vorträge halten usw.
Sie sollten Ihren Kunden auch ein bisschen über sich erzählen: Wann Sie geboren sind, wo Sie aufwuchsen, Ihren beruflichen Werdegang, Hobbys etc.

Finden Sie neue Zielgruppen für Ihre Produkte oder Services.

Wenn Sie zum Beispiel Kaffee an Läden verkaufen, sollten Sie es auch bei Coffee Shops versuchen. Sie sollten ständig neue Gewinnströme für Ihr Business öffnen.

Machen Sie einmal die Woche ein Profit-Brainstorming. Statt „kaufen" verwenden Sie besser den Ausdruck "investieren Sie in unser Produkt XY". Das gibt Kunden mehr das Gefühl, dass sie in ihre Zukunft investieren, als dass sie nur etwas kaufen. Sie könnten auch berichten, wie sehr andere Kunden durch Ihr Produkt Geld verdienen, Geld sparen oder sonst wie profitieren, indem Sie Dankschreiben und Kundenmeinungen veröffentlichen.

Gewinnen Sie auch Partner, die Ihr Produkt offline vertreiben. Über Ihre Website tragen sich

Leute in Ihr Partnerprogramm ein, die Ihre Produkte dann auf Partys zuhause anbieten. Diese Partner bringen ihren Laptop auf die Party und verkaufen über ihre/n Affiliatelink/s. Bezahlt werden sie genauso, wie wenn sie online verkauft hätten.

Verwenden Sie Logos und Slogans für Ihr Business. Sie machen es den Menschen leichter, sich zu erinnern und Ihr Geschäft zu identifizieren. Wie oft hatten Sie selbst schon ein Problem und das erste, was Ihnen dazu in den Sinn kam, war ein dazu passender Slogan oder ein Logo. Das ist beinahe eine automatische Reaktion.
Verwenden Sie das Wort "schnell" in Ihrer Werbung. Die Käufer wollen schnell bestellen, schnelle Lieferung, schnelle Resultate, schnell reich, schnell schön, schnell gesund usw.

werden. Heutzutage messen wir unserer Zeit mehr Wert bei als unserem Geld.

Sie könnten z.B. sagen:

„Unser Produkt wirkt schnell!"
„Wir liefern besonders schnell!"

Verwenden Sie das Wort "Garantie" in Ihrer Werbung. Die Käufer wollen versichert sein, dass sie ihr schwer verdientes Geld nicht riskieren, indem sie Ihr Produkt kaufen.

Beispiel:

"Wir gewähren 90 Tage Geld zurück Garantie!"
"Wohlgemerkt: Unser Produkt hat eine lebenslange Garantie!"

Verwenden Sie das Wort "begrenzt" in Ihrer Werbung. Menschen mögen gerne Dinge,

die exklusiv oder selten sind,
denn sie werden als wertvoller
betrachtet. Auch will man aus der
Masse herausstechen und sich
unterscheiden.

*Sie könnten beispielsweise
argumentieren:*

"Diese Special Edition ist
begrenzt auf die ersten 500
Besteller!"
"Bestellen Sie vor dem (DATUM),
um diese Sonderausgabe des
Ebooks zu bekommen!"

Verwenden Sie das Wort
"leicht/einfach" in Ihrer
Werbung. Die Käufer wollen
einfache Bestellung, einfache
Zahlung, einfache Anwendung
usw.

Beispiel:

„Es ist der einfachste Weg,
Gewicht zu verlieren!"
„Sie können ganz einfach
bestellen. Klicken Sie hier!"

Verwenden Sie das Wort
"Kundenmeinung" in Ihrer
Werbung. Die Käufer wollen
glaubhafte Nachweise, bevor Sie
Ihr Produkt erwerben. Es sollten
ehrliche und bestimmte Belege
sein.

Zum Beispiel könnten Sie sagen:

"Hier können Sie Hunderte
Dankschreiben prüfen."
„All diese Kundenmeinungen sind
uns unaufgefordert zugesandt
worden!"

Verwenden Sie die Worte
"Rabatt/Sonderangebot" in Ihrer
Werbung. Die Käufer wollen

Schnäppchen finden. Das
können prozentuale Rabatte sein,
einmalige Sonderangebote,
Gratiszugaben usw.

Beispiel:

"Sie erhalten 50% Rabatt, wenn
Sie vor dem (DATUM) bestellen!"
„Bestellen Sie jetzt, bevor das
Sonderangebot XY endet!"

Verwenden Sie das Wort "gratis"
in Ihrer Werbung. Die Käufer
wollen gratis Zugaben, bevor Sie
mit Ihnen Geschäfte machen.
Das können kostenlose E-Books
sein, oder Dienstleistungen,
Accessoires usw.

Beispiel:

"Lieferung versandkostenfrei bei
einem Bestellwert ab XX Euro!"
"Bei Bestellung innerhalb der
nächsten 5 Minuten erhalten Sie

3 Boni gratis!"

Verwenden Sie das Wort
"Sie/Ihr" in Ihrer Werbung. Die
Käufer wollen persönlich
angesprochen werden. Dadurch
fühlen sie sich bedeutender und
ernst genommen. Und das macht
sie eher geneigt, den ganzen
Werbetext zu lesen.
Verwenden Sie niemals das
unpersönliche „man".

Beispiel:

„Sie könnten der nächste
Gewinner in unserem
Gewinnspiel sein!"
"Sie können fast schon die
Vorteile spüren, nicht wahr!"

Verwenden Sie das Wort
"wichtig" in Ihrer Werbung. Die
Käufer wollen nicht wichtige

Informationen verpassen, die ihr
Leben beeinflussen könnten.

*Beispielsweise könnte Ihre
Überschrift/Schlagzeile lauten:*

"Wichtiger Hinweis!…"
„Achtung wichtig!..."

Worteinsätze in der Werbung – „NEU"!

Die Käufer wollen neue Produkte und Dienstleistungen, die ihr Leben verbessern wie neue Infos, neuen Geschmack, neue Technologie, neue Resultate usw.
Beispiel:

„Lernen Sie einen neuen, revolutionären Weg kennen, Gewicht zu verlieren!"
„NEU! Gerade veröffentlicht..."

Zeigen Sie Ihren potenziellen Kunden, wie viel Begeisterung Sie selber für Ihr Geschäft und Produkt haben. Wenn Sie überzeugend sind, werden die Kunden auch begeistert sein.
Beispiel:

"Ich bin selbst ganz begeistert
über unser neues Produkt!"
„Ich kann kaum erwarten, dass
auch Sie die Vorteile genießen!"

Beenden Sie Ihren Verkaufsbrief
oder Werbetext mit einem
starken Schluss.
Das könnte ein kostenloser
Bonus sein, ein Discountpreis,
eine Vorteilserinnerung, ein
zeitlich begrenztes Angebot usw.
Beispiel:

"P.S. Denken Sie daran, dass Sie
5 Boni im Wert von 234 Euro
erhalten!"
„Wenn Sie heute bestellen, gibt's
45% Rabatt!"

Stellen Sie reklamierende
Kunden zufrieden. Sie können ihr
Geld zurückerstatten, Nachlass
gewähren, ein Geschenk geben,
das Problem schnell lösen usw.
Zum Beispiel könnten Sie sagen:

"Ich kann verstehen, wie Sie sich
fühlen, daher gebe ich Ihnen Ihr
Geld zurück."
"Ich war selbst mal in Ihrer Lage.
„Für Ihren nächsten Einkauf gebe
ich Ihnen 50% Rabatt."

Begeistern Sie Ihre Kunden für
Ihr Geschäft und sie erzählen es
ihren Freunden weiter. Sie
könnten Ihnen einen
Reisegutschein geben (diese gibt
es gratis von einschlägigen
Agenturen).
Anderes Beispiel:

„Hier erhalten Sie einen
Gutschein im Wert von XXX Euro

für unseren nächsten Event."

Schenken Sie Ihren Kunden besonderes Vertrauen, so dass sie bestellen.
Verwenden Sie Bestätigungen, Garantien, Kundenzeugnisse und ähnliches.
Sie könnten z.B. so schreiben:

„Ich erlaube Ihnen, unser Produkt volle 60 Tage auszuprobieren, bevor ich Ihre Kreditkarte belaste."

Bauen Sie sich eine Emailadressliste auf, indem Sie Interessenten sich gratis eintragen lassen für Newsletter, E-Books, Software, Gewinnspiele usw.

Beispiel:

„Wenn Sie sich in unseren kostenlosen Newsletter eintragen, nehmen Sie auch gratis an unserem wöchentlichen Gewinnspiel teil!"
"Fordern Sie unseren Gratis-Newsletter an und erhalten Sie 10 Überraschungs-Boni!"

Gönnen Sie Ihren Interessenten und Kunden sozusagen "frische Luft".
Das heißt, scheuen Sie sich nicht, Ihre Website oder Verkaufstexte so zu gestalten, dass sie sich deutlich von anderen unterscheidet.

Fallen Sie auf!
Erhöhen Sie die
Aufmerksamkeit!

Ermöglichen Sie es Ihren Kunden, sofort nach der Bestellung Nutzen zu ziehen. Wenn Sie das Produkt mit der Post versenden müssen, machen Sie einen Bonus sofort online zugänglich. Wenn Sie z.B. ein Taschenbuch verschicken, könnten Sie eine E-Book-Version sofort online zum Lesen zur Verfügung stellen.

Schreiben Sie Artikel und reichen Sie sie bei Newsletter-Herausgebern oder Webmastern ein. Damit sie veröffentlicht werden, sollten sie sich nicht wie Verkaufstexte, sondern wie Fachartikel lesen.
Sie könnten dem Herausgeber Geschenke anbieten wie Gratisartikel, Provisionen, Original-Content usw.

Mit einem Blog Internetpräsenz aufbauen

Sie haben im ersten Teil dieses Buches erfahren, wie sie sich systematisch ein Online Business aufbauen und dieses nach und nach ausbauen können.

Eine konkrete Möglichkeit für eigenes Branding und Steigerung Ihrer Bekanntheit im Internet ist ein Blog, der sich mit einem bestimmten Thema befasst und dazu regelmäßig Beiträge liefert. Wie bereits erwähnt, werden Sie allerdings mit einem Blog – und wenn er noch so gut und interessant ist – auf die Schnelle **nicht** das große Geld machen. Dennoch besitzen fast alle erfolgreichen Internet Marketer zusätzlich eine Blogseite auf der sie nicht nur interessante Fachbeiträge zu ihrem Thema liefern, sondern auch geschickt Werbung für eigene Produkte und Produkte von Joint-Venture Partnern platzieren.

Das Blogging hat in den letzten Jahren das Internet erobert. Man findet zu jedem erdenklichen Thema einen Blog – ob Kochen, Gaming, Fashion, Reisen oder Literatur, es gibt Blogs einfach zu jedem Thema.
Doch warum ist das Blogging so erfolgreich und was bringt es dem Autor? In einem Blog steht die Realität aus der subjektiven Sicht einer Person. Der/die AutorIn teilt sein Wissen, seine Erfahrungen und seine Meinung über verschiedenste Themen. Dies spricht verschiedene Arten der Leserschaft an: die Leser, die neugierig sind und fremde Themen erkunden wollen,

diejenigen, die etwas dazulernen wollen, diejenigen, die eine andere Meinung zu einem bestimmten Thema haben wollen. Diese Liste könnte ewig weitergeführt werden. Und ebenso wie es eine immense Anzahl an Leserpräferenzen gibt, gibt es auch verschiedenste Arten von Blogs, die unterschiedliche Themen behandeln, verschiedene Schreibstile verwenden und auch verschiedene Meinungen haben. Doch nicht jeder Blog ist erfolgreich. Der Erfolg wird maßgeblich von Inhalt, Aufbau und Aufmachung mitbestimmt. Was hierbei wichtig ist und welche Kriterien über Erfolg oder Misserfolg entscheiden, wird in diesem Ratgeber erklärt.

Das Blogging ist ähnlich, wie das Schreiben eines Buches eine Quelle des passiven Einkommens. Das heißt, man investiert punktuell Arbeitszeit und –kraft und erhält, wenn man alles richtig macht, über längere Zeit hinweg Geld. Dieses Geld kommt aus Einnahmen durch, auf der Webseite geschaltete, Werbung oder, was immer öfter der Fall ist, durch Product-Placement. Zusammengefasst kann man also sagen, dass Blogging eine ideale Quelle für ein Zweiteinkommen ist, wenn man es richtig anstellt. Wie das funktioniert, was Sie beachten müssen und wie man mit seinem Blog am besten Geld verdient, erfahren Sie in den folgenden Kapiteln.

Themenfindung

Das wohl maßgeblichste Kriterium, ob ein/e KonsumentIn einen Blog liest, ist das Thema bzw. der Bereich des Themas, auf dem der Fokus liegt. Es gibt beispielsweise unzählige Blogs zum Thema Literatur, ebenso unzählige Interessenten für dieses Thema. Grenzt man jedoch weiter ein, zum Beispiel auf Literatur des 19. Jahrhunderts, deutsche Literatur, Goethe oder Science-Fiction, so verkleinert sich auch die Anzahl der Interessenten, jedoch auch die Anzahl der Blogs, also der potenziellen Konkurrenz.

Die oft gepriesene Einzigartigkeit

Wie schon in der Einleitung erwähnt, findet man einen Blog zu (fast) jedem erdenklichen Thema. Wenn man also herausstechen und die Konkurrenz bezwingen will, ist es wichtig, mit etwas Neuem zu starten. Hierbei ist die oft gepriesene Einzigartigkeit von großer Bedeutung. Nehmen wir als surreales aber einfaches Beispiel an, es gäbe zehn deutsche Blogs über Rosen-pflege, die alle in etwa denselben Inhalt haben, und eintausend Interessenten. Zwei Blogs sind etabliert und haben jeweils 250 LeserInnen, dadurch müssen sich die übrigen acht Blogs 500 Leser aufteilen. Wenn man jetzt als „neuer" Blogger den elften

Blog über Rosenpflege schreibt und der Inhalt ähnlich zu den ersten zehn ist, wird man kaum LeserInnen haben. Verändert man das Thema jedoch leicht und füllt damit eine Nische, in die keine oder nur wenige Blogs fallen aus, kann das zu schlagartigem Erfolg führen. Bei unserem Beispiel wäre das ein Blog über die Rosenpflege ohne künstliche Dünger, über Rosenzüchtung oder über Rosenpflege speziell auf Wohnungsbalkone bezogen. Wenn man richtig eingrenzt, würde man statt dem kleinen Anteil an den 500 plötzlich zum Beispiel 300 LeserInnen haben, weil 300 der 1000 beispielsweise in Wohnungen leben.

Wie diese richtige Eingrenzung
funktioniert, erfahren Sie jetzt.

Die richtige Balance

Leider ist es nicht bei jeder
Eingrenzung so, dass sie sich
lohnt, also mehr LeserInnen als
das uneingeschränkte Thema
bringt. Bei unserem Fall könnte
zum Beispiel eine Einschränkung
auf Rosenpflege im Herbst ein
Fehlschlag sein. Hier muss man
auf einen speziellen Faktor
achten, der nicht nur bei der
Eingrenzung eine Rolle spielt,
sondern schon bei der
allgemeinen Themenfindung
beachtet werden muss, da er
maßgeblich die Anzahl der
LeserInnen mitbestimmt. Hierbei
handelt es sich schlichtweg um
das allgemeine Interesse an
einem Thema beziehungsweise

an der Themeneinschränkung. Beispielsweise interessieren sich vermutlich mehr Menschen für einen Blog über Gaming, als für einen Blog über traditionelle slowakische Küche. Im Gegenzug dazu gibt es definitiv mehr Konkurrenz bei Gaming-Blogs als bei Blogs über traditionelle slowakische Küche. Hier gilt es nun, die richtige Balance zwischen Einmaligkeit und Interesse der Leserschaft zu finden. Wo diese Balance angesiedelt ist, ist von Fall zu Fall unterschiedlich.

IHR Thema

Genug der Theorie, kommen wir
zu praktischen Tipps - zur
Themenfindung. Sie sollten auf
jeden Fall ein Thema wählen, in
dem Sie sich auskennen. Sie
reisen gerne? Schreiben Sie
darüber! Sie kochen gerne?
Machen Sie einen Koch-Blog! Sie
lieben es, zu klettern? Bloggen
Sie darüber! Ihre Möglichkeiten
sind fast unbegrenzt. Es ist
wichtig, dass Sie ein Thema
finden, über das Sie gerne
schreiben und in dem Sie sich
auch auskennen. Der Erfolg von
Blogs liegt in der Subjektivität,
also schreiben Sie über ein
Thema, in dem Sie Erfahrungen
besitzen.
Sobald Sie sich nun ein Thema
ausgesucht haben, prüfen Sie
noch gedanklich, ob es
interessant für eine größere

Leserschaft sein könnte und ob
es halbwegs selten und
einzigartig ist. Ist dies nicht der
Fall, versuchen Sie am besten,
Ihr Thema leicht einzuschränken
oder zu verändern. Wenn Sie
möchten, dann können Sie
natürlich auch ein komplett
anderes Thema wählen,
versuchen Sie es aber zuerst mit
einer leichten Abwandlung des
Themas.
Wenn Sie dann ein Thema
gefunden haben, dass Ihrer
Meinung nach gut ankommen
wird, fangen Sie an zu schreiben!

Aller Anfang ist schwer

Nachdem Sie nun ein Thema
haben, kann es mit dem Bloggen
losgehen.
Blogs können Sie bei
verschiedenen Anbietern gratis
erstellen oder Sie können eine
eigene Website designen, was in
der Regel mit Kosten verbunden
ist. Anbieter vereinfachen das
Schalten von Werbung, wollen
jedoch dafür einen Teil der
Einnahmen. Für den Anfang und
das Probieren sind größere
Anbieter von Blog-Plattformen
wahrscheinlich besser geeignet –
die letztendliche Entscheidung
liegt aber ganz bei Ihnen!

Bevor wir nun mit den ersten
Schritten weitermachen, muss
Folgendes gesagt sein: Es ist

ganz normal, dass ein Blog
Anlaufzeit braucht. Dies können
Wochen, Monate oder Jahre
sein. Sie dürfen also auf keinen
Fall verzweifeln, wenn nicht von
Anfang an zahlreiche Besucher
zu verzeichnen sind. Geduld ist
hier das oberste Gebot!

Es kann natürlich auch
passieren, dass ihr Blog einfach
nicht anschlägt, weil das Thema
zu häufig abgedeckt wird, oder
eben zu sehr ein Nischenthema
ist. Wenn Sie sich ganz sicher
sind, dass dies der Fall ist und
sie keine Möglichkeit mehr für
den Erfolg Ihres Blogs sehen,
dürfen Sie nicht aufgeben!

Zuerst sollte man versuchen, die
Spezifikation des Themas leicht
abzuändern. Versuchen Sie
zuerst, das Thema wieder
allgemeiner zu machen, bevor
Sie ganz das Thema wechseln.

Ein kompletter Neuanfang ist schwer und frustrierend und sollte deshalb immer die letzte Option bleiben.

Die richtige Sprache

Jetzt haben Sie also ein Thema und haben sich entschieden, ob Sie eine eigene Webseite wollen oder lieber einen Anbieter von Blogplattformen nutzen möchten. Bevor es nun an das Erstellen der Inhalte geht, müssen Sie die Sprache Ihres Blogs bestimmen. Theoretisch haben Sie die Möglichkeit den Blog in jeder beliebigen Sprache zu schreiben, Sie sollten aber auf die Leserschaft achten. Es gibt definitiv mehr Menschen, die Englisch sprechen, als solche, die Deutsch beherrschen. Dadurch wird die potenzielle

Leserschaft eines Blogs auf Englisch meistens größer sein, als die eines Blogs auf Deutsch. Wenn der Blog aber beispielsweise speziell über die Zubereitung schwäbischer Spezialitäten berichtet, ist die deutsche Leserschaft definitiv größer als die Internationale. Darum sollten Sie bei Blogs mit sehr regional eingegrenzten Themen die Sprache der Region wählen, während Sie bei „internationalen" Themen darüber nachdenken sollten, ob Sie lieber in Englisch oder einer anderen Sprache schreiben. Auf Englisch haben Sie sicherlich allgemein mehr potenzielle LeserInnen. Wenn Ihnen Englisch (oder in welcher Fremdsprache Sie auch immer schreiben möchten) nicht so leicht fällt, sollten Sie einen Blog Ihre Muttersprache in Betracht ziehen. Dies könnte zwar die Zahl Ihrer potenziellen

Leserschaft verkleinern, hilft
Ihnen aber, sich auszudrücken
und Ihre Inhalte authentisch und
auch angenehm lesbar
rüberzubringen.

Sie haben jetzt das Fundament
für ihren Blog: Ihr Thema, die
Plattform und die für Sie
geeignete Sprache. Wenn Sie
hierbei die richtige Wahl getroffen
haben, sind Sie dem Erfolg schon
ein großes Stück näher.

Schreiben – aber wie?

Die Anfangshürde überwinden

Wer kennt es nicht? Man muss etwas schreiben, aber es funktioniert einfach nicht, der Einstieg scheitert und die zündende Idee fehlt. Dies ist ein häufiges und ganz normales Problem und disqualifiziert Sie nicht gleich als Blogschreiber. Es kann auch ganz einfach überwunden werden: schreiben Sie zuerst einzelne Wörter oder Phrasen, die Ihnen einfallen auf. Danach fügen Sie sie zusammen und erschaffen so Schritt für Schritt Ihren Text.

Die meisten Probleme macht

aber oft der Anfang oder die Einleitung selbst. Doch auch hierfür gibt es eine gut funktionierende Methode: Man schreibt zuerst den Hauptteil des Texts und wendet sich erst danach wieder dem Anfang zu. Denn wenn man weiß, was genau im Text steht, kann man ihn auch besser Einleiten. Genauso funktioniert das übrigens auch bei Überschriften. Und wenn manchmal gar nichts geht, braucht es eben eine kurze Schaffenspause.

Tipps fürs Schreiben selbst

Wenn man einen Blog schreibt, denkt man leider oft daran, dass - im Optimalfall sehr viele – fremde Menschen das, was man gerade schreibt, lesen werden. Dies erzeugt eine absolut normale Nervosität beim Autor. Doch hier ist es besonders wichtig, diesen Fakt einfach zu ignorieren. Schreib am Anfang nur für Dich selbst. Dadurch wird auch Dein Schreibstil weniger verkrampft und kommt lockerer und angenehmer beim Leser an.

Seien Sie immer Sie selbst: Schreiben Sie natürlich, in Ihrem ganz persönlichen Stil. Ganz egal, ob Sie lieber kurze und einfache oder verschlungene und hochgestochene Sätze schreiben - Ihre LeserInnen werden beides annehmen. Es ist wichtig, dass Sie ungezwungen und authentisch schreiben, dadurch wirkt Ihr Blog unverfälscht und kommt persönlicher beim Leser an. Und wenn Sie ganz „natürlich" schreiben, macht es Ihnen sicherlich auch mehr Spaß.

Passen Sie sich Ihrem Inhalt an. Wenn Sie in Ihrem Blog Ihre Meinung preisgeben, sollten Sie sich nicht davor scheuen, sehr persönlich zu schreiben: Ich, ich, ich – schließlich ist es ja auch Ihre Meinung.

Wenn Ihr Blog allerdings zum Beispiel Ratschläge für andere Menschen gibt, können Sie ruhig die Leserschaft direkt ansprechen.

Das bindet den/die Leserin mehr in Ihre Texte ein, er/sie fühlt sich damit mehr angesprochen.

Wenn Ihr Blog aber objektiv über ein Thema berichtet, sollten Sie sowohl sich als Autor, als auch den Leser vom Thema distanzieren und somit die Objektivität verdeutlichen, dies macht den Blog seriöser und glaubwürdiger.

Das Anpassen an den Inhalt sollte allerdings nur in einem Maße erfolgen, das Ihren Schreibstil nicht knickt. Sie sorgen somit dafür, dass das Leseerlebnis angenehmer wird, die inhaltliche Erfahrung mit dem Blog bleibt jedoch dem Thema angemessen.

Size matters

Da wir nun über das Schreiben
selbst gesprochen haben,
können wir auf den Aufbau und
die Länge der Blog-Einträge zu
sprechen kommen. Ein ganz
wichtiger Tipp, auf den wir später
noch zurückkommen: Struktur ist
das Um und Auf bei Texten.
Stellen Sie sich vor, dieses Buch
wäre ohne Inhaltsangabe,
Überschriften und Absätze. Es
wäre grauenvoll zu lesen. Das gilt
auch für Blogs. Ein Text, der von
außen unstrukturiert wirkt,
animiert den Interessenten nicht
zum Lesen – egal, wie gut der
Inhalt ist. Deshalb müssen Sie
immer darauf achten, dass die
Postings sich auch sehen lassen
können. Sparen Sie nicht mit
Absätzen, Überschriften und
Unterüberschriften.

Struktur ist absolut unvermeidbar, wenn Sie Leser gewinnen wollen.

Blog Postings sollten, egal wie gut die Struktur ist, allerdings auch keine Romane sein. Im Groben sollten Sie sich an einer Lesedauer von 3-5 Minuten orientieren. Das kann jeder lesen, während er/sie auf den Bus wartet oder die Werbepause im Fernsehen überbrücken will. Lange Postings können hingegen in diesen kurzen Zeitfenstern nicht gelesen werden und wirken somit für den gelegentlichen Blog-Leser abstoßend. Wenn Sie also zu lange Postings machen, kann es passieren, dass Sie dadurch LeserInnen verlieren. Natürlich sollten Sie auch die Länge der Postings auf den Inhalt abstimmen.

Einen Essay über ein brisantes
politisches Thema kann man
schwer auf drei Minuten kürzen,
einen Restauranttipp hingegen
schon.

Grafik und Design

Lassen Sie sich von dieser Überschrift nicht abschrecken! Das Design ist genauso wichtig wie die Struktur des Textes. Um Ihren Blog optisch ansprechend zu machen, müssen Sie kein Webdesign-Profi sein. Die meisten Anbieter von Blogplattformen, aber auch viele Website-Anbieter haben verschiedene Vorlagen für das Design des Blogs, die auch nicht schwer zu bearbeiten sind. Da die Möglichkeiten und die Bearbeitung allerdings von Anbieter zu Anbieter verschieden sind, werden in diesem Kapitel eher allgemeine Tipps gegeben, die Sie dann auf Ihrem Blog umsetzen können.

Wie auch beim Geschriebenen gilt es hier, das Design an den

Inhalt anzupassen. Sollte Ihr Thema komplex sein, ist ein ordentliches, übersichtliches und schlichtes Layout zu empfehlen. Somit kann sich der Leser besser orientieren und das Thema besser verstehen. Ein geordnetes Design unterstützt außerdem inhaltliche Objektivität auf graphische Art. Generell sind schlichtere Designs für neue Leser angenehmer, da sie somit eine leichtere und bessere Übersicht über den Inhalt Ihres Blogs bekommen. Außerdem wird die neue Leserschaft von einem sehr überfüllten Design gleich so überwältigt, dass der Inhalt komplexer und unordentlicher scheint, als er eigentlich ist.

Der Fall, in dem sich ein etwas
üppigeres Design vielleicht
besser eignet, sind persönliche,
subjektive Blogs. Ein Design, das
etwas voller und somit nicht steril
wirkt, verstärkt den Eindruck der
Persönlichkeit beim Leser und
bietet ein quasi heimeliges
Gefühl.
Das sind jedoch nur
Grundrichtlinien. Ein konkretes
Beispiel wird das Zusammenspiel
von Design und Inhalt darlegen.

Nehmen wir zuerst einen Koch-
Blog. Hier könnte sich ein
schlichtes, helles Design am
besten eignen. Nur leichte
Verzierungen mit einzelnen
Kochutensilien oder Zutaten, zum
Beispiel ein Rosmarinzweig am
Rand. Dies zeigt dem Leser,
dass das Kochen in diesem Blog
sehr strukturiert ist (also für den
Leser gut verständlich) und die

helle Schlichtheit zeigt außerdem Sauberkeit, was der Leser mit Ordnung und Sauberkeit in der Küche oder mit gesunder „cleaner" Ernährung assoziieren könnte.

Natürlich muss man sich nicht daran halten. Es ist das wohl wichtigste Kriterium, dass Ihnen Ihr Blog selbst gefällt. Wenn Ihr Designgeschmack mit dem Inhalt zusammengebracht ein stimmiges Design ergibt, haben Sie alles richtig gemacht.

Neugier erregende Fotos

Versuchen Sie zu den meisten Ihrer Blogeinträge Fotos hinzuzufügen. Wenn ein „fremder" Leser nämlich durchscrollt und sich nur die Bilder ansieht, sind dies Ihre Möglichkeiten, ihn/sie zum Lesen zu bringen. Verwenden Sie also Fotos, die Interesse wecken und auch schön sind. Denn hässliche Fotos oder Fotos von schlechter Qualität wirken auf den erstmaligen Leser sofort abstoßend.

Sie sollten allerdings auch darauf achten, dass die Bilder sich gut in das Gesamtkonzept Ihres Blogs einfügen. Der von außen optimale Blog entsteht dann, wenn Sie Bilder, Textstruktur und Design aufeinander und auf den Textinhalt abstimmen.

Bauen Sie Ihre eigene Community auf

Blogs leben von der Interaktion zwischen LeserIn und AutorIn. Wie Sie eine Community aufbauen und wie Sie mit ihr interagieren, wird Ihnen im Folgenden erklärt.

Feedback

Geben Sie Ihren LeserInnen die Möglichkeit, ihre Meinung zu Ihrem Blog an sich aber auch zum Thema Ihres Blogs abzugeben. Das funktioniert am besten, wenn Sie eine Art Forum in Ihren Blog integrieren, also das Feedback bzw. die Äußerungen der Leserschaft öffentlich zugänglich machen. Dies führt zu einem regen Austausch der Leser untereinander aber auch mit Ihnen – antworten Sie also fleißig auf das Feedback Ihrer Leserschaft. Wenn dieser Austausch im Blog sichtbar ist, animiert das auch andere Leser dazu, ihre Meinung kundzutun.

Es ist essenziell, dass Sie auf Ihre Leser eingehen und ihnen das Gefühl und die Möglichkeit geben, an Ihrem Blog mitzuwirken. Gehen Sie auf das Feedback ein und setzen Sie Verbesserungsvorschläge, die Ihnen vernünftig scheinen, in die Tat um. Dadurch können Sie ständig mithilfe anderer an Ihrem Blog feilen und ihn weiterentwickeln.

Social Media-
Einbindung

Geben Sie Ihren LeserInnen die
Möglichkeit, Ihre Inhalte auf
Social Media zu teilen. Bei vielen
Blogplattform-Anbietern gibt es
die Möglichkeit, direkt Buttons
einzubauen, die es dem/der
LeserIn erlauben, Ihren Blog oder
einen bestimmten Artikel davon
zu teilen.
So sorgen Sie dafür, dass Ihr
Blog mehr Reichweite erhält und
Sie mehr LeserInnen haben.

Email-Listen

Bitten Sie Ihre LeserInnen, ihre
Emailadresse anzugeben, um bei
neuen Einträgen informiert zu
werden. Dies ist die effektivste
Methode, Ihre Leserschaft
aufrecht zu erhalten und Ihre

Community zu pflegen. Denn
dadurch werden die LeserInnen
regelmäßig an Ihren Blog erinnert
und schauen auch öfter darauf.

Wie Sie mit Emaillisten online
Geld verdienen können wird
später noch detailliert erklärt.

Kontaktoptionen

Geben Sie Ihre eigene
Emailadresse an. So können
LeserInnen, die ihr Feedback
nicht öffentlich geben wollen,
Ihnen direkt schreiben und Sie
können persönlich auf ihre
Fragen und Anliegen eingehen.

Monetarisierung

Blogs können, wenn sie erfolgreich sind, durchaus als Einnahmequelle dienen. Dies funktioniert meistens über Werbung, die vom Plattformanbieter geschalten wird. Wenn Sie über eine eigene Webseite arbeiten, müssen Sie sich selbst um Werbung kümmern.

Die Einnahmen, die durch die Werbung entstehen, hängen von der Leserschaft ab. Wenn Sie also mit Ihrem Blog Geld verdienen wollen, ist es wichtig, möglichst viele LeserInnen zum Besuchen Ihres Blogs zu animieren.

Sie können natürlich auch Produktplatzierungen auf Ihrem Blog einbauen. Um zu diesen zu kommen, benötigen Sie allerdings schon als Voraussetzung eine gewisse Reichweite. Produktplatzierungen haben zwar oft einen schlechten Ruf, müssen aber nicht zwangsweise schlecht sein. Man kann zum Beispiel auch ein Videospiel gegen Geld ganz objektiv bewerten. Dennoch nehmen Produktplatzierungen für manche LeserInnen die Seriosität. Ob Sie sie nun einsetzen möchten oder nicht, liegt ganz bei Ihnen.

Resümee

Wir fassen nochmal kurz zusammen:

- Finden Sie ein Thema, in dem Sie sich gut auskennen und über das Sie gerne schreiben.
- Begrenzen Sie das Thema, sodass Sie eine Leserschaft von guter Größe erreichen.
- Suchen Sie anschließend eine Plattform, die Ihren Wünschen entspricht
- und entscheiden Sie sich für die Sprache Ihres Blogs.

Danach geht's ans Schreiben:

- Seien Sie ganz Sie selbst, das kommt am besten an. Berichten Sie von Ihrer Meinung, Ihren

Erfahrungen oder auch Ihrem Wissen in Ihrem eigenen, ganz persönlichen Stil. Seien Sie so unverfälscht wie möglich.

- Bringen Sie Struktur rein! Textstruktur, angenehmes Layout und Neugier erregende Bilder helfen, neue Leser zu gewinnen.
- Interagieren Sie mit Ihrer Community. Geben Sie Ihren LeserInnen die Möglichkeit öffentliches und persönliches Feedback zu geben und Ihre Inhalte zu teilen.

Doch der wohl wichtigste Tipp ist:
Seien Sie geduldig! Kein Blog startet am ersten Tag durch. Es kann manchmal Monate dauern, bis Leser kommen. Aber das Warten lohnt sich. In Blogs steckt

die Möglichkeit für gutes
Einkommen.

Und nun – finden Sie Ihr Thema
und schreiben Sie drauf los! Ich
wünsche Ihnen dabei viel Spaß
und viel Erfolg!

Die Bedeutung von Email Marketing für ein erfolgreiches Online Business

Im vorhergehenden Kapitel haben wir uns mit dem Thema Blogs beschäftigt, wobei ein wichtiger Punkt der Newsletter und das „Einfangen" von Kunden über den Eintrag in eine Emailliste war.
Im Folgenden möchte ich Ihnen nun detailliert aufzeigen, wie man ganz einfach professionelles Email Marketing betreiben und damit sein Online Business extrem skalieren kann.

Wussten Sie das..?

"Das Geld liegt in der Liste" - Wer sich schon mal mit Affiliate Marketing auseinander gesetzt hat, der hat diesen Satz mit ziemlicher Sicherheit schon oft gehört. Zu Recht! Denn E-Mail Marketing ist und bleibt die beste Methode einfach und zuverlässig online Geld zu verdienen.

Was denken Sie, wo wird im ganzen Internet am meisten Geld verdient? In den unzähligen Online Shops? Durch Werbung auf Google, Facebook & Co? Weit gefehlt. E-Mail Marketing ist für den Großteil des online Umsatzes verantwortlich.

Daher auch der berühmte Satz, dass das Geld in der Liste steckt. Natürlich ist das Ganze sehr vereinfacht. Es reicht nicht, bloß irgendeine E-Mail Liste zu haben und schon wird man damit reich. Aber es ist unbestreitbar, dass E-Mail Marketing die beste Möglichkeit ist, seine Produkte oder Dienstleistungen online zu verkaufen. Während man mit Werbeanzeigen zwar ein größeres Publikum erreichen kann, so hat man in einer E-Mail die volle Aufmerksamkeit des Lesers, ohne Ablenkung durch süße Katzen oder einem Strandbild der Nachbarin.

Eines ist also klar: Wenn auch Sie mit Affiliate Marketing Erfolg haben wollen, brauchen Sie eine eigene E-Mail Liste. Denn wenn Sie sich diese erst einmal aufgebaut haben, brauchen Sie nicht ständig nach neuen Interessenten zu suchen, sondern können Ihren bestehenden Kontakten ganz einfach eine coole E-Mail schicken und dabei ohne viel Aufwand Geld verdienen. Dass man diese E-Mails heutzutage auch vom Strand aus mit dem Smartphone versenden kann, brauche ich auch nicht zu erwähnen, oder?

Doch bevor Sie Ihre Reise in die Malediven buchen, sollten Sie erst mal dieses Buch durchlesen. Hier erfahren Sie nämlich alles, was Sie wissen müssen, um sich eine eigene Liste aufzubauen, und wie Sie damit Geld verdienen können, ohne viel dafür zu erledigen. Denn egal was Ihnen andere online Marketer erzählen wollen, der Weg dorthin ist nicht ganz so einfach und etwas Arbeit ist auch erforderlich. Sobald Ihr System jedoch erst mal läuft, können Sie sich entspannt zurücklehnen, einen Drink bestellen und zusehen, wie das

Geld in Ihr Bankkonto fließt.

Der Autoresponder

Damit Sie auch richtiges E-Mail Marketing betreiben können, brauchen Sie erst mal einen sogenannten Autoresponder. Ein Autoresponder ist ein System, mit dem Sie E-Mail-Adressen sammeln und Ihre E-Mails versenden können. Und das beste dabei: Einmal eingerichtet läuft das Ganze wie von selbst und Sie müssen sich nicht selbst darum kümmern.
Ohne einen Autoresponder ist dies praktisch unmöglich. Zwar könnten Sie, rein theoretisch, alles auch von Hand machen, aber dazu würden Sie so viel Zeit verschwenden, dass sich das Ganze nie und nimmer lohnen würde.

Außerdem sind die Kosten für so einen Autoresponder auch nicht sehr hoch.

Zwar gibt es auch kostenlose Anbieter und Angebote, doch rate ich Ihnen von diesen ab! Alle kostenlosen Anbieter, die ich kenne, verbieten es Ihnen Affiliate Angebote zu versenden. Wer sich nicht daran hält riskiert, dass sein Account geschlossen wird. Dann ist Ihre E-Mail Liste auch futsch und die ganze harte Arbeit war umsonst. Also fangen Sie am besten gleich richtig an und suchen sich einen passenden Autoresponder Dienst. Wenn Sie sich übrigens für meinen Newsletter anmelden, verrate ich Ihnen auch meinen bevorzugten Autoresponder Dienst, welchen ich selbst benutze und mit dem ich sehr zufrieden bin. Den Link dazu finden Sie am Ende des Buches.

Übrigens: Die meisten Anbieter bieten eine 30 Tage Testversion an, in der man das System kostenlos testen kann. Sie haben also 30 Tage lang Zeit Ihre ersten Affiliate Verkäufe zu machen um Ihren Autoresponder selbst zu finanzieren! Das ist durchaus möglich, wenn Sie genügend Zeit und Arbeit in das Projekt investieren.

Doch was macht dieser Autoresponder nun alles für Sie?

Zuallererst verwaltet er Ihre E-Mail-Adressen. Wenn sich jemand über das Anmeldeformular (sprich: Die Squeeze- oder Landing-Page) anmeldet, fügt er diesen neuen Kontakt Ihrer Liste hinzu. Und wenn sich jemand wieder abmelden will, so entfernt er den

Kontakt wieder von der Liste. Die Statistiken über diesen Empfänger bleiben jedoch weiterhin im System enthalten. Natürlich können Sie mit Ihrem Autoresponder beliebig viele Listen erstellen und individuell verwalten.

Das ist jedoch noch lange nicht alles. Denn ihr Autoresponder versendet auch Nachrichten. Hierbei gibt es zwei verschiedene Varianten.
Entweder Sie schreiben eine E-Mail und versenden diese an alle Kontakte (so wie bei einer ganz normalen E-Mail Nachricht), oder Sie bauen sich eine Autoresponder Sequenz auf.
Der Vorteil dieser Methode ist, dass jeder Abonnent eine Reihe von E-Mails bekommt, egal zu welcher Zeit er sich für Ihren Newsletter anmeldet.

Hier ein Beispiel:

Nehmen wir an, Sie schicken heute eine Nachricht an Ihre Abonnenten raus und werben für ein tolles Produkt. Ihre Abonnenten sind absolut begeistert davon und Sie verkaufen jede Menge Produkte. Super! Doch nach einem Monat haben Sie weitere 500 Abonnenten, die dieses tolle Produkt noch nie gesehen haben. Sie wissen, eine Menge der Leute würden das Produkt sofort kaufen, aber Sie wissen auch, dass Ihre „alten" Abonnenten was neues wollen. Wenn Sie also dasselbe Produkt erneut bewerben, laufen Sie Gefahr, dass sich einige Ihrer alten Abonnenten abmelden werden.

Ein zweites Beispiel:

Sie möchten Ihre Abonnenten Schritt für Schritt zu einem

gewissen Ziel führen. Wenn Sie
nun die Nachrichten normal
senden, können Ihnen nur die
Leute folgen, die von Anfang an
dabei waren. Alle anderen, die
mittendrin hinzukommen,
verstehen nur *Bahnhof*.

Natürlich könnten Sie immer
neue Listen erstellen und zum
Beispiel immer zum
Monatsanfang einen neuen Kurs
beginnen. Doch sind wir mal
ehrlich, heutzutage wird wohl
kaum mehr jemand darauf warten
bis der Kurs beginnt, sondern

wird sich einfach einen anderen Kurs suchen.

Die Lösung hierbei ist die Autoresponder Sequenz. Denn hier können Sie eine Reihe von Nachrichten schreiben, die jedem Abonnenten individuell zugeschickt werden.

Beispiel:

Peter meldet sich heute an. Er erhält auch gleich E-Mail #1. Am 2. Tag erhält er E-Mail #2. Am 3. Tag meldet sich Martin an. Nun erhält Martin E-Mail #1 und Peter E-Mail #3. Am 4. Tag melden sich noch Eva und Dennis an. Sie erhalten E-Mail #1, Martin E-Mail #2 und Peter E-Mail #4. Und so weiter und so fort.

Natürlich haben Sie auch die Möglichkeit zu sagen, dass Sie nur alle 3 oder 7 Tage eine

Nachricht schicken möchten,
oder dass die Nachrichten jeweils
nur montags und donnerstags
verschickt werden sollen.
Seit Neustem bieten die meisten
Autoresponder-Dienste auch
noch komplexere Systeme an. So
kann man zum Beispiel angeben,
dass eine Reihe von E-Mail
Nachrichten nur an die Leute
geschickt wird, die auf einen
gewissen Link in einer Nachricht
geklickt haben oder an all
diejenigen, die die vorherige
Nachricht nicht geöffnet haben.

Wie Sie sehen, ist der
Autoresponder Ihr bester Freund
und kann eine ganze Menge
toller Sachen.

So können Sie zum Beispiel auch
Ihr gesamtes E-Mail Marketing
voll automatisieren, indem Sie
einfach einen Haufen
Nachrichten im Voraus schreiben

und diese dann an jeden
Abonnenten individuell
verschicken lassen.

Natürlich nützt es Ihnen nichts,
angenommen Sie haben 1'000
Nachrichten geschrieben, wenn
sich Ihre Abonnenten nur die
ersten 10 Nachrichten
anschauen, bevor die
Nachrichten ungelesen im
Posteingang bleiben oder sie sich
wieder abmelden. Es ist also
sinnvoll nur so viel Nachrichten
zu schreiben, wie nötig.

Dein Geld-Trichter - Das Email-Funnel-System

Jetzt, wo Sie wissen wie ein Autoresponder ungefähr funktioniert, möchte ich Ihnen noch kurz das E-Mail Marketing Prinzip erklären, bevor wir uns an die Arbeit machen und das Ganze System aufbauen.

Stellen Sie sich einen ganz normalen Trichter vor. Die obere Öffnung ist breit, damit möglichst viel rein passt. Der Trichter wird aber gegen unten hin immer schmaler und schmaler, so dass das, was man oben einfüllt unten konzentriert herauskommt. Wenn Sie zum Beispiel eine Flüssigkeit von einem Glas in eine Flasche umfüllen wollen ist das ohne

Trichter sehr schwer. Wenn Sie
aber einen Trichter verwenden ist
es super einfach und Sie
schaffen es, ohne dabei etwas zu
verschütten.

Um möglichst viele Affiliate
Kommissionen einzusammeln,
müssen Sie möglichst viele Leute
oben in den "Trichter"
schmeißen. Während des
gesamten Prozesses fallen
immer mehr Leute weg. Am Ende
bleiben nur noch wenige Leute
übrig die sich das Produkt auch
tatsächlich gekauft haben.

Schauen wir uns das Ganze mal
genauer an:
Zuoberst ist die Landing Page,
auch Squeeze Page genannt.
Dies ist der oberste Teil des

Trichters und unsere Aufgabe ist es, möglichst viele Leute dort hinzubekommen.

Natürlich müssen wir darauf achten, dass wir auch die richtigen Leute für das richtige Angebot suchen. Nur so können wir sicherstellen, dass möglichst viele der Besucher sich auch für unseren Newsletter anmelden. Wir können noch zusätzliche Anreize geben, wie zum Beispiel ein kostenloses E-Book, oder eine Videoreihe oder ähnliches. Ziel ist es, dass sich möglichst viele Leute auch für den Newsletter anmelden.

Die Leute, die sich daraufhin angemeldet haben, kommen auf unsere E-Mail Liste. Nun können wir ihnen mehrere Nachrichten senden, in denen wir z. B. Affiliate Angebote bewerben.

Natürlich sollten wir auch darauf achten, das Ganze nicht zu übertreiben, ansonsten laufen wir Gefahr, dass sich zu viele Leute wieder abmelden und unsere Nachrichten als Spam markieren. Das wollen wir natürlich NICHT. Die Leute sollen möglichst lange auf unserer Liste bleiben, damit wir ihnen möglichst viele Angebote senden können.

Von all den Leuten auf unserer E-Mail Liste wird sich nur ein Teil davon das Angebot genauer ansehen und auf den Link klicken. Natürlich wollen wir, dass auch hier wieder möglichst viele auf den Link klicken. Also müssen wir schauen, dass das Angebot richtig gut ist, und dass wir das Ganze möglichst so präsentieren, dass die Leute nicht anders können als auf den Link zu klicken und sich das

Produkt genauer anzusehen. Wichtig ist hierbei: Wir wollen das Produkt nicht verkaufen, sondern nur sicherstellen, dass die Leute auf den Link klicken. Das Verkaufen erfolgt auf der verlinkten Seite.

Auf dieser Seite wird das Produkt nun vom Verkäufer präsentiert. Diese Seiten sind voll auf den Verkauf optimiert und von Werbetextern geschrieben worden. Das Ziel dieser Seite ist es, dass möglichst viele Leute das Produkt auch erwerben. In der Regel haben wir auf diese Seite keinen Einfluss mehr (es sei denn, wir erstellen unsere eigene Verkaufsseite, was aber nur in den seltensten Fällen so sein wird - außer wir bewerben natürlich unser eigenes Produkt. Auch hier werden einige Leute wieder "abspringen" und nicht kaufen.

Von all den Leuten, die unsere
Landing Page gesehen haben
werden sich nur die wenigsten
auch für das Produkt
entscheiden. Dies ist die unterste
Spitze des Trichters. Man kann
das Ganze natürlich auch wie
eine umgekehrte Pyramide
ansehen, aber mir gefällt die
Trichter-Variante besser.
Unser Ziel ist es natürlich, dass
möglichst viele Leute dieses -
und viele weitere Affiliate
Angebote - annehmen, also dass
möglichst viele Leute unten im
Trichter ankommen.

Dabei haben wir zwei
Möglichkeiten, unseren Trichter
zu verbessern. Zum einen
können wir natürlich einfach oben
mehr Leute einfüllen, so kommen
automatisch auch unten mehr

Leute heraus. Das ist aber nicht immer der Fall!

Denn andererseits sollten wir auch darauf achten, die ganzen Löcher im Trichter zu stopfen, sodass immer weniger Leute abspringen. Schließlich bringt es uns nichts, wenn wir für Besucher auf unserer Landing Page bezahlen, ohne dass dabei am Ende ein Gewinn für uns herausschaut.

Also müssen Sie auch darauf achten Ihren eigenen Trichter möglichst gut abzudichten. Wie das geht, erfahren Sie im **Schritt 5: Optimierung**.

Zuerst sollten Sie jedoch erst einmal Ihr eigenes E-Mail Marketing System aufbauen – Sie müssen quasi erstmal einen Trichter basteln, bevor Sie diesen verbessern können. Denn auch ein schlechter Trichter ist besser als gar keiner.

Schritt 1: Die Landing Page

Als Erstes benötigen Sie eine Landing Page. Das ist eine einfache Webseite, die nur ein Ziel hat: Dass sich der Besucher für Ihren Newsletter anmeldet. Keine Sorge, so eine Landing Page kann heutzutage wirklich jeder einfach und problemlos selbst erstellen.
Viele Autoresponder bieten sogar

die Möglichkeit eine solche Landing Page direkt über ihr System zu erstellen. Alternativ gibt es auch Anbieter, die sich darauf spezialisiert haben. Man braucht also nicht zwingend eine eigene Webseite, um solch eine Landing Page zu erstellen. Denn wie gesagt, der Besucher soll sich nicht lange auf dieser Seite aufhalten, sondern soll nur 2 Optionen haben: Entweder er meldet sich für den Newsletter an oder er verlässt die Seite wieder, ohne sich einzutragen.

Dies mag vielleicht auf den ersten Blick etwas seltsam aussehen. Denn wenn wir mehr Inhalte hätten, dann könnte er erst etwas herumstöbern um zu sehen, ob ihm die Inhalte gefallen und sich erst dann anmelden. Richtig? Leider falsch. Hier trifft das Auswahl-Paradox zu. Dieses besagt, dass je mehr Auswahl eine Person hat, umso höher ist die Chance, dass sie sich für gar nichts entscheidet.

Wir wollen auch nur die Leute auf unserer Liste, die sich dafür entscheiden. Jemand, der sich nicht entscheiden kann, ob er uns nun seine E-Mail-Adresse gibt oder nicht, wird sich auch nicht entscheiden können, ob er sich nun das angepriesene Produkt kaufen wird oder nicht.

Doch wie soll nun so eine Landing Page genau aussehen? Am besten suchst Du einfach mal im Internet nach "Landing Page + NISCHE" (zum Beispiel: Landing Page Heimwerken, Landing Page Stricken, Landing Page Bierbrauen) oder einfach "Landing Page Beispiele". Somit finden Sie viele Ideen und Anregungen für Ihre eigene Landing Page. Sie können auch noch nach Squeeze Page + NISCHE suchen um weitere Beispiele zu entdecken.

Wie die Seite schlussendlich aussehen soll hängt natürlich von einigen Faktoren ab.

Einerseits hängt es damit zusammen, in welcher Nische Sie tätig sind und vor allem auch was für ein Zielpublikum Sie ansprechen möchten. Wenn Sie eher ältere oder technisch weniger erfahrene Besucher ansprechen möchten, so werden Ihr Text und Design anders aussehen, als wenn Sie

technikaffine Millenials damit
ansprechen möchten.

Allerdings hat sich im Großen
und Ganzen eigentlich immer
wieder eine Devise bestätigt:
Weniger ist mehr. So ist die
Konversionsrate (die prozentuale
Anzahl der Besucher, die sich
anmelden) fast immer höher,
wenn die Seite ganz einfach
gehalten wird.

Man könnte auch sagen:
Hässlich läuft besser.
Das liegt daran, dass viele Leute
eher argwöhnisch auf gutes
Design reagieren. Dagegen
kommt es besser an, wenn die
Seite eben nicht professionell
gestaltet, sondern einfach
zusammengestellt wurde.

Das verleiht dem Angebot eine gewisse persönliche Note.

Weiterhin gibt es noch die große Debatte zwischen viel und wenig Text. Während die einen auf kaum Text schwören, so setzen andere auf ausführlichen Text. Was nun am Ende besser ist, kann man so allgemein nicht sagen und hängt auch oft mit der Herkunft der Besucher zusammen. Wenn Sie Ihre Besucher beispielsweise über Facebook Werbung erhalten, so ist in der Regel (etwas) mehr Text nötig, als wenn die Besucher von einem 10-minütigen Tutorial-Video auf YouTube kommen.
Schlussendlich geht es eigentlich immer darum, dass der Besucher sich gut fühlt, Ihnen seine E-Mail-Adresse zu geben.

Dies erreichen Sie dadurch, dass Sie vertrauenswürdig erscheinen.

Übrigens: Was auch sehr gut funktioniert sind Videos. Vor allem, wenn eine Person in dem Video zu sehen ist. Dies verleiht der Landing Page sofort einen persönlichen und vertrauenswürdigen Touch.

Was nun für Sie und Ihre Landing Page am besten funktioniert, müssen Sie schlussendlich selbst herausfinden. Es empfiehlt sich auch verschiedene Tests durchzuführen, um zu sehen was besser funktioniert und so die eigene Landing Page stetig zu verbessern und die Konversionsrate zu steigern.

Was jedoch immer besonders gut ankommt, ist ein Freebie. Das kann ein Video oder ein E-Book sein oder sogar eine kostenlose Beratung oder ein physisches Produkt. Das Ganze muss nicht zwingend etwas großartiges sein. Sie müssen also keinen Bestseller schreiben, nur um Ihre Liste zu vergrößern. Ein kurzer Report oder eine Checkliste kann bereits sehr gut funktionieren. Dieses Freebie soll einfach nur ein Grund sein, weshalb die Besucher Ihnen ihre E-Mail-Adresse geben sollten.

Wenn Ihr Freebie gut ist, macht es auch Fehler in Ihrer Landing Page wieder wett. Anders herum ist es eher schwieriger. Es sei denn, der Besucher ist sowieso schon interessiert Ihrer Liste beizutreten, ob er nun was umsonst bekommt oder nicht (das funktioniert natürlich nur

dann, wenn Sie dieser Person
bereits etwas an Wert gegeben
haben, wie beispielsweise ein
hilfreiches Video oder E-Book.)

Schritt 2: Die Autoresponder-Sequenz

Sobald Sie Ihre Landing Page
erstellt haben, wird es Zeit, Ihre
Autoresponder Sequenz zu
planen und aufzubauen. Diese
Sequenz kann so kurz oder lang
sein wie Sie möchten. Ich
schlage Ihnen jedoch vor, dass
Sie nicht hunderte E-Mails
schreiben, bevor Sie Ihre ersten
Abonnenten haben.
Schlussendlich kann es immer
sein, dass Ihr Plan nicht so
funktioniert, wie Sie sich das

vorgestellt haben. Daher ist es immer besser, wenn Sie nur 5-10 E-Mails schreiben und vorbereiten. Sie können die weiteren Nachrichten dann immer noch später schreiben. Sie werden danach auch eine bessere Ahnung haben, was gut funktioniert und was nicht.

Wie Sie diese E-Mails nun schreiben sollen, könnte ein ganzes Buch füllen und selbst dann wüssten Sie immer noch nicht alles darüber. Daher schlage ich Ihnen eine meiner eigenen Methoden vor: Spionage!
Keine Sorge, das Ganze ist völlig legal und wird von Ihren Konkurrenten genauso gemacht.

Alles was Sie dabei tun müssen, ist andere Affiliate Marketer finden, die in Ihrer Nische tätig sind und sich für deren E-Mail

Listen anmelden. So finden Sie verschiedene Varianten und Ideen für Ihren eigenen Newsletter. Natürlich sollten Sie absolut NIE einen anderen Marketer 1:1 kopieren! Jedoch wird es Ihnen helfen ein gewisses Gefühl dafür zu bekommen, wie solche E-Mails in Ihrer spezifischen Nische aufgebaut sind. Dies soll nur als Inspiration dienen.

Wenn Sie genügend Marketer finden, können Sie sich von jedem das abgucken, was Ihnen am meisten gefallen hat, das Ganze zusammen mischen, Ihren eigenen Flair hinzufügen und schon haben Sie eigene Nachrichten, die in Ihrem Stil geschrieben wurden.
Sollten Sie keine oder nur wenige Marketer in Ihrer Nische finden, so können Sie auch andere, möglichst ähnliche Nischen

durchsuchen. Aber in den meisten Fällen werden Sie relativ schnell fündig werden.

Dabei ist es wichtig, dass Sie informative E-Mails und Promotionen abwechseln. Während Ihnen informative oder unterhaltsame (im Sinne von relevantem Storytelling) E-Mails natürlich kein Geld einbringen werden, so sind sie dennoch sehr wichtig. Schlussendlich wollen Sie Ihren Abonnenten nicht das Gefühl geben, dass Sie ihnen nur Werbung schicken.

Zudem helfen Ihnen diese Nachrichten, um Vertrauen zu Ihren Abonnenten aufzubauen, was die Basis ist.

Eine genaue Regel, wie viele informative- und wie viele Promo-E-Mails Sie versenden sollten, gibt es nicht. Während die einen darauf schwören nur Promo-E-Mails zu schicken, so sind andere da eher zurückhaltend und schicken nur alle 5 E-Mails eine Promo.
Das Ganze hängt natürlich auch wieder mit der Nische zusammen. Idealerweise bindet man die Promotionen nahtlos in die anderen Nachrichten ein. So stellt man sicher, dass jeder Abonnent etwas von seinen E-Mails hat, auch wenn er dieses eine Produkt nicht kaufen wird. Sehr geübte E-Mail Marketer binden so eine Promotion in eine ganze Reihe von E-Mails mit ein

und verwenden dabei bewährte Tricks aus Film und Fernsehen.

Allerdings sollten Sie sich auch bewusst sein, dass Sie hier versuchen ein Geschäft aufzubauen. Abonnenten, die nur auf Ihrer Liste sind, um kostenlose Tipps und Infos zu erhalten, bringen Ihnen gar nichts. Es gibt eine Reihe von Leuten, die aus Prinzip niemals etwas kaufen werden, auch wenn das Produkt noch so gut ist und genau das ist, was sie brauchen. Solche Leute kosten Sie im Endeffekt nur Geld, denn je mehr Leute auf Ihrer Liste stehen, umso höher wird auch Ihre Autoresponder Rechnung.

Solche Leute können Sie leider nur umgehen, indem Sie Ihren Newsletter hinter ein bezahltes Produkt stellen. Dies kann Ihr eigenes Produkt sein oder ein Affiliate-Angebot. Im Normalfall wird dies aber, vor allem am Anfang, nicht nötig sein.

Die E-Mails, die Sie schreiben, entscheiden darüber, ob Ihre Promotion ein Erfolg oder ein Reinfall wird. Dabei brauchen Sie kein begnadeter Schriftsteller zu sein. Mit etwas Übung kann jeder erfolgreiche E-Mail Promotionen schreiben. Wenn man erstmal den Dreh raus hat, ist das alles viel einfacher, als es am Anfang aussieht.

Schritt 3: Die Affiliate-Angebote

Jetzt wissen Sie also, dass Sie Leute auf Ihre Liste bringen sollten und auch, dass Sie ihnen über Ihren Autoresponder Nachrichten automatisch schicken können. Doch wo finden Sie nun diese Affiliate Angebote, die Sie bewerben können?

Diese Angebote gibt es tatsächlich wie Sand am Meer. Sehr viele Online Dienstleister bieten heutzutage ein Affiliate- oder Partnerprogramm an. Darunter auch sehr große und renommierte Firmen. Amazon ist wahrscheinlich der größte Anbieter, wenn es um physische Produkte geht. Doch auch sehr viele digitale Produkte können beworben werden.

Der Vorteil digitaler Produkte liegt auf der Hand: Da es den Händler dabei gleich viel kostet, ob er nun 10 oder 100 Produkte verkauft, sind hier die Kommissionen in der Regel höher als bei physischen Produkten, bei denen die Gewinnmarge meist deutlich geringer ausfällt. Jedoch macht es natürlich nicht für jede Nische und für jedes Zielpublikum Sinn, nur auf digitale Produkte zu setzen.

Doch wie und wo finden Sie nun die richtigen Angebote für sich und Ihre Liste? Google ist hier Ihr Freund. Suchen Sie einfach nach Affiliate oder Partnerprogramm und Ihrer Nische (also zum Beispiel: Partnerprogramm Stricken, Affiliate Skateboarden) und Sie werden in den meisten Fällen bereits fündig. Sie haben auch die Möglichkeit nach Affiliate Netzwerken zu suchen und dort herumzustöbern, was es so alles gibt. Oft findet man auch dort etwas Passendes, das vielleicht nicht direkt zur jeweiligen Nische gehört, jedoch durchaus sinnvoll und hilfreich für Ihre Abonnenten sein könnte.

Bereits nach relativ kurzer Zeit sollten Sie bereits mehrere Angebote gefunden haben, für die Sie werben können. Nun stellt sich natürlich immer die Frage für welches der Produkte Sie werben möchten und welches Sie besser liegen lassen sollten… Hier möchte ich Ihnen ein paar Denkanstöße geben:

Zuallererst sollten Sie sich überlegen, was Ihren Abonnenten den meisten Nutzen bringt. Wenn Sie die Angebote wählen, die Ihren Abonnenten am meisten helfen können werden Sie langfristig immer besser rauskommen, als wenn Sie einfach nur schauen, welches Angebot mehr Geld verspricht. Schlussendlich sind es Ihre Abonnenten, die Ihre Rechnungen und Ihren Urlaub auf den Bahamas zahlen, und nicht die Affiliate-Anbieter.

Wenn Sie sich darauf konzentrieren, was besser für Ihre Abonnenten ist, werden Sie sich automatisch einen besseren Ruf erarbeiten und viel ernster genommen, als wenn Sie nur auf den kurzfristigen Profit aus sind.

Dennoch sollten Sie unbedingt folgende Punkte beachten:

- <u>Die Verkaufsseite</u>: Ist diese ansprechend? Würden Sie selbst das Produkt kaufen, wenn Sie auf dieser Seite landen?

- <u>Die Provision</u>: Lohnt es sich für Sie überhaupt dieses oder jenes Produkt zu bewerben? Wieviel springt letztendlich pro Verkauf für Sie heraus? (Zwar klingen 75% viel besser als 5 €, aber wieviel bekommen Sie tatsächlich bei der 75% Kommission im Durchschnitt?)

- <u>Die Konversionsrate</u>: Wie hoch ist die Konversionsrate der Verkaufsseite? (Später:

Wie hoch ist Ihre eigene
Konversionsrate?)

- Gibt es zusätzliche
  Verkäufe, sogenannte
  Upsells? Erhalten Sie auch
  dort eine Kommission?

- Finden Sie Feedback über
  dieses Produkt online?
  Oder haben Sie es bereits
  selbst getestet?

Der letzte Punkt ist ebenfalls sehr
wichtig!
Denn schlussendlich wollen Sie
natürlich, dass jeder Ihrer
Abonnenten absolut zufrieden mit
dem Produkt ist. Denn wenn Ihr
Abonnent merkt, dass das
beworbene Produkt absoluter
Müll ist, dann wird er mit großer
Wahrscheinlichkeit nie wieder
einer Ihrer Empfehlungen
Glauben schenken.
Wenn das Produkt jedoch hält,

was es verspricht oder sogar
noch besser ist, als angekündigt,
dann können Sie sicher sein,
dass der Abonnent auch in
Zukunft Ihren Empfehlungen
folgen wird! Wenn Sie das Ganze
richtig gut machen, dann kann es
auch sein, dass sich viele
Abonnenten die Produkte nur
kaufen, weil SIE sie empfohlen
haben - auch wenn die
Verkaufsseite schlecht ist und
den Abonnenten nicht
überzeugen kann.
Wenn Sie soweit sind, dann kann
Sie eigentlich nichts und niemand
mehr aufhalten und Sie haben
Ihre eigene Geldmaschine.

Idealerweise testen Sie selbst
alle Produkte, bevor Sie für diese
werben.

Dabei müssen Sie nicht zwingend jedes Produkt selbst kaufen. Sie haben auch immer die Option den Verkäufer anzuschreiben und anzufragen, ob er Ihnen das Produkt zum Testen kostenlos zur Verfügung stellt. Dies funktioniert vor allem dann, wenn Sie bereits die ersten Erfolge erzielt haben und dem Verkäufer quasi "beweisen" können, dass es sich für ihn lohnt Ihnen eine Testversion zu geben und dass Sie nicht nur jemand sind, der kostenlose Produkte haben will.

Daher ist es immer von Vorteil, wenn Sie ein paar Statistiken erwähnen können (zum Beispiel Anzahl Abonnenten, vorherige Konversionsraten usw.) - natürlich sollten Sie das Ganze nur dann erwähnen, wenn diese Zahlen auch entsprechend hoch sind. Bei 100 Abonnenten oder

einer tiefen Konversionsrate
erwähnen Sie dies natürlich nicht!

Schritt 4: Traffic

Sie haben nun eine Landing
Page, einen Autoresponder und
ihre erste Sequenz ist bereit,
inklusive der ersten Affiliate
Angebote. Nun ist es an der Zeit,
dass Sie Leute auf Ihre Landing
Page und in Ihre Liste
bekommen. Was jetzt brauchen,
ist Traffic.

Erinnern Sie sich noch an den
Trichter?
Traffic ist quasi das, was Sie
zuoberst in den Trichter werfen,
damit unten Geld rausfließt.
Je mehr Traffic Sie also auf Ihre
Landing Page bekommen, umso

mehr Geld werden Sie auch verdienen. Natürlich sollten Sie, vor allem am Anfang, vorsichtig damit sein und nicht gleich hunderte von Euro in Traffic investieren, sondern Ihren Trichter erstmal ausprobieren und die größten Löcher stopfen, damit auch etwas unten ankommt. Mehr dazu aber im nächsten Kapitel.

Woher bekommen Sie nun diesen Traffic?
Diese Frage stellt sich so ziemlich jeder, der irgendwas im Internet anbietet. Seien dies nun Videos, ein Produkt oder ein kostenloser Blog. Denn ganz so einfach ist dieser Schritt nicht!

Natürlich können Sie sich den Traffic einfach kaufen, indem Sie auf Google oder auf den Social Media Plattformen Werbung schalten. Doch wer sich dabei nicht auskennt, kann sehr schnell sehr viel Geld verlieren, ohne dass dabei etwas herauskommt.

Aber Sie können sich Traffic auch kostenlos erarbeiten. Ja, erarbeiten. Denn kostenloser Traffic erfordert immer Zeit und Aufwand. Kostenlosen Traffic ohne Arbeit gibt es leider nicht!

Wenn Sie also Ihren eigenen Blog haben, so können Sie die Leute von dort aus auf Ihre Landing Page schicken, indem Sie einen Banner oder ein Popup auf Ihrer Seite einblenden. Je nachdem wie viele Besucher Sie

auf Ihrem Blog haben,
bekommen Sie dadurch mehr
oder weniger Traffic auf Ihre
Landing Page. Diese Methode ist
natürlich Ideal, da Sie so Ihre
Liste quasi kostenlos auffüllen
und einen stetigen
Besucherstrom erzeugen.

Es besteht auch die Möglichkeit
Social Media Plattformen dazu zu
nutzen Ihre Landing Page zu
bewerben. Hierbei sollten Sie
jedoch darauf achten, dass Sie
sich an die jeweiligen AGBs der
Plattformen halten. Bei einigen
Plattformen können Sie von
Ihrem Profil problemlos auf die
eigene Landing Page verlinken
und so weitere Abonnenten
gewinnen.

Es gibt noch weitere kostenlose Methoden um Traffic zu generieren, doch diese beiden sind in der Regel die lukrativsten und vor allem auch die einfachsten für den Anfang. Allerdings sollten Sie sich davon nicht zu viel erwarten. In der Regel wird sich dabei nur ein kleiner Teil für Ihre Liste anmelden. Aber immerhin handelt es sich dabei um Abonnenten, die Sie völlig kostenlos erhalten haben!

Die zweite Möglichkeit um an Traffic heranzukommen, ist dafür zu bezahlen. Zwar kostet Sie das Ganze etwas, aber dafür bekommen Sie meistens deutlich mehr Traffic (natürlich auch abhängig davon wie viel Geld Sie investieren) und das genau dann, wenn Sie es möchten. Doch wie bereits erwähnt: Sobald Sie kein Geld mehr investieren, erhalten

Sie auch keine Besucher mehr.

Trotzdem ist bezahlter Traffic sehr hilfreich, vor allem dann wenn Ihr Trichter funktioniert. Denn dann verdienen Sie das Geld, welches Sie für Ihren Traffic ausgeben, sofort wieder zurück und machen auch noch einen schönen Profit dabei. Wenn Ihr System erstmal soweit ist, können Sie natürlich so viel Geld reinstecken, wie Sie möchten, denn Sie werden das Geld immer wieder zurückverdienen.

Für den Anfang empfiehlt es sich allerdings mit etwas mehr Vorsicht zu arbeiten und erst mal sein System zu optimieren.

Es gibt natürlich noch mehr bezahlte Traffic Optionen neben Facebook, Google & Co. Zum Beispiel: Solo Ads. Dabei bezahlen Sie jemand, der eine eigene Liste hat, dafür, dass er eine E-Mail an seine Abonnenten schickt und für Sie und Ihre Landing Page wirbt. Mit einer guten Landing Page funktioniert das System richtig gut. Allerdings gibt es leider noch sehr wenige Solo Ad Anbieter mit einer deutschsprachigen E-Mail Liste.

Nichts desto trotz können Sie selbstverständlich auch einfach direkt bei anderen aus Ihrer Nische nachfragen, ob sie ihrer Liste von Ihrem Freebie-Angebot schreiben wollen. Ich habe es auch schon erlebt, dass andere so völlig kostenlos für einen werben!

Schritt 5: Optimierung

Sobald Ihr System erst mal
aufgebaut ist, werden Sie Ihre
Zeit hauptsächlich damit
verbringen Ihr System zu
optimieren und weiteren Traffic
für Ihre Landing Page zu finden.
Die Optimierung entscheidet
dabei ob und wie viel Sie
verdienen.
Denn nur ein gut optimiertes
System bringt richtig satten
Gewinn.
Selbst erfahrene Internet
Marketer sind ständig damit
beschäftigt ihr System weiter zu
optimieren.

Doch wie optimieren Sie nun Ihr System?

Hierzu ein paar Tipps:
Zuallererst sollten Sie Ihre Landing Page verbessern. Es empfiehlt sich, dass Sie schon von Anfang an Ihre Seite per Split Test vergleichen, indem Sie nur eine einzige Kleinigkeit verändern. Dies kann die Schriftfarbe, die Schriftart oder auch nur ein einzelnes Wort sein.

Sie können auch größere Veränderungen auf einmal vornehmen, aber Ziel bei einem Split Test ist es, herauszufinden was funktioniert und was nicht. Dieser Schritt kann stets weitergeführt werden.

Solch einen Split Test kann man ganz einfach über Google Analytics erstellen.

Natürlich sollten Sie ebenfalls darauf achten, dass Sie genügend Besucher auf beiden Seiten haben, bevor Sie voreilige Schlüsse ziehen. Je mehr Besucher Sie haben, umso sicherer können Sie sein, dass Ihre Beobachtungen stimmen und keine Zufälle sind. Für den Anfang würde ich Ihnen empfehlen, dass Sie mindestens 100 Besucher pro Test nehmen sollten. Natürlich sind 1'000 Besucher aussagekräftiger, aber da es vor allem am Anfang schwierig ist so viele Besucher zu erhalten, ohne dabei sehr viel Geld auszugeben, reichen 100 am Anfang auch aus.

Am Ende Ihres Tests werden Sie sehen, dass eine der beiden Seiten besser konvertiert hat, als die andere.

Nun nehmen Sie diese Seite, ändern hier erneut eine Kleinigkeit und wiederholen den Test. Ziel ist es mit kleinen Schritten Ihren Erfolg stetig zu verbessern. Am besten dokumentieren Sie Ihre Änderungen schriftlich, damit Sie nicht mehrmals dasselbe testen.

Falls Sie Werbung auf Social Media oder Google schalten wollen (ich empfehle Facebook!), sollten Sie auch hier verschiedene Versionen Ihrer Anzeige miteinander vergleichen. Hier sollten Sie, je nach Budget, mindestens 100 Anzeigen laufen lassen, bevor Sie einen Schluss daraus ziehen. Achten Sie dabei nicht nur auf die Klicks, die Ihre

Werbung generiert hat, sondern viel mehr auf die Anmeldungen zu Ihrer Liste. Schließlich zahlen Sie hier in der Regel pro Klick, da ist es verständlicher Weise sinnvoll, dass sich möglichst viele Leute für den Newsletter anmelden.

Bei Facebook kann man die Landing Page übrigens auch umgehen und mit einem Klick können sich die Leute dann direkt in Facebook für Ihren Newsletter anmelden, so müssen Sie nur die Facebook Anzeige optimieren. Allerdings erhalten Sie so nur dann neue Abonnenten, wenn Ihre Werbung auch geschaltet wird.

Auch Ihre Autoresponder Nachrichten gehen zu optimieren. Die meisten Anbieter bieten Möglichkeiten an zwei oder mehrere Nachrichten miteinander zu vergleichen, wobei ich Ihnen empfehle immer nur 2 Varianten auf einmal zu testen. Die Betreffzeile ist ebenfalls sehr wichtig und sollte mehrfach getestet werden. Schließlich entscheidet diese darüber, ob Ihre Abonnenten die Nachricht öffnen oder nicht. Und von einer ungeöffneten Nachricht kann selbst der beste Marketer nichts verdienen.

Übrigens: Innerhalb der ersten 7 Tagen ist erfahrungsgemäß die Chance am größten, dass Ihre Abonnenten etwas kaufen werden. In der Regel bedeutet das, je länger jemand angemeldet ist, umso unwahrscheinlicher ist es, dass die Person auch ein Produkt kauft. Daher spielt die Reihenfolge Ihrer Nachrichten und Affiliate Angebote eine sehr große Rolle. Das funktioniert natürlich nicht immer und Sie sollten unbedingt darauf achten, dass die Reihenfolge Ihrer Nachrichten immer Sinn ergibt!

Wenn Sie aber eine Reihe von Nachrichten haben, die unabhängig voneinander sind, dann empfiehlt es sich verschiedene Reihenfolgen zu testen. Dabei müssen Sie dann auf jeden Fall auf die Gesamteinnahmen schauen. So macht es manchmal durchaus mehr Sinn ein besonders gut konvertierendes Angebot erst später zu schicken.

Sämtliche Optimierungen können natürlich zeitgleich laufen und so kann dann jeder Schritt des Systems parallel verbessert werden.

Die Optimierung ist ein fortlaufender Prozess, der nicht zu unterschätzen ist. Selbst ein einziges Wort kann einen riesigen Unterschied machen. Während der Traffic dafür verantwortlich ist, wie viele Leute oben in Ihren Trichter kommen, so ist die Optimierung dafür verantwortlich wie viele davon auch zuunterst noch vorhanden sind.

Merke: Um erfolgreich zu sein, braucht es beides, ein gut optimiertes System sowie genügend Traffic.

Fazit

Ich hoffe, ich konnte Ihnen einen kleinen Einblick in das E-Mail Marketing geben. Das ganze Thema ist natürlich noch sehr viel umfangreicher, doch nun haben Sie zumindest einen Überblick darüber, wie das Ganze funktioniert und können anfangen Ihre ersten E-Mail Listen aufzubauen.

Denken Sie daran:
Wichtig ist es, anzufangen. Denn nur so können Sie überhaupt etwas verdienen. Sie müssen nicht von Anfang an alles verstehen und richtig machen. Selbst die Profis setzen erst einmal etwas auf und optimieren dieses nach und nach zu einem

System, das funktioniert und komplett automatisch läuft.

Das Schöne am E-Mail Marketing ist, dass Sie, sobald Ihr System einmal aufgesetzt ist, passiv Geld verdienen, ohne dabei viel dafür machen zu müssen. So haben Sie Zeit sich um andere Dinge zu kümmern. Sei dies nun, um an einem Blog oder einer Webseite zu arbeiten, die Ihren Newsletter mit neuen Abonnenten füttern oder aber sich einfach zurückzulehnen und zu entspannen.

Selbstverständlich können Sie beliebig viele Autoresponder erstellen und in den unterschiedlichsten Nischen tätig sein.

Wie viel Sie dabei verdienen, hängt einzig und allein von Ihrem Fleiß ab.

Nun möchte ich Sie keinesfalls länger aufhalten. Los geht's!

Viel Erfolg!

BONUS

Als kleines Extra hier das 1. und 2. Kapitel aus meinem 2. Buch "Affiliate Marketing", welches ebenfalls auf Amazon erhältlich ist.
Viel Spaß beim Reinschnuppern.

Was ist Affiliate Marketing?

Affiliate Marketing ist einer der besten Arten Online Geld zu verdienen. Während andere Methoden kommen und gehen, wird Affiliate Marketing voraussichtlich mit dem Handel von Waren und Dienstleistungen über das Internet stetig wachsen.

Wer gutes Affiliate Marketing betreibt kann damit eine ganze Menge Geld verdienen. Und das Beste: Es ist super einfach und günstig mit Affiliate Marketing anzufangen.

Doch was ist Affiliate Marketing eigentlich? Ganz einfach: Man bewirbt ein Produkt mit Hilfe eines speziellen Affiliate-Links. Für jeden abgeschlossenen Kauf erhält man eine Kommission. Das Produkt kann dabei eine Dienstleistung, ein digitales oder ein physisches Produkt sein.

Das Beste daran: Man muss weder sein eigenes Produkt entwickeln, noch muss man sich ein großes Warenlager anschaffen. Alles, was man braucht um mit Affiliate Marketing anzufangen ist ein Affiliate Link. Diesen bekommt man, indem man sich kostenlos bei einem der unzähligen Affiliate Programmen anmeldet und schon kann man anfangen Geld zu verdienen, ohne selbst auch nur einen Cent dafür auszugeben.

Affiliate Marketing ist auch für den Verkäufer sinnvoll, denn so findet er Partner, die sein Produkt für ihn verkaufen, ohne dass der Verkäufer dafür weiteres Geld investieren muss. Erst nachdem ein neuer Kunde etwas gekauft hat, bezahlt er den Affiliate mit einem gewissen Prozentsatz des Kaufs. Eine Win-Win Situation für Verkäufer und Affiliate Marketer, denn der Verkäufer spart sich somit das Risiko und viel Geld für Werbung und der Affiliate wird beim Gewinn beteiligt.

Wieviel verdient man als Affiliate Marketer?

Eine allgemeine Antwort auf diese Frage kann man also nur schlecht geben, da es von sehr vielen Faktoren abhängig ist. Ist das Produkt gut? Ist die Verkaufsseite ansprechend und professionell gestaltet? Passt das Produkt zum ausgewählten Zielpublikum?

Die besten Affiliate Marketer weltweit verdienen jährlich bis zu achtstellige Beträge. Je nachdem wie viel Aufwand man dabei betreibt und wie gut man ist, ist es durchaus möglich mehrere tausend Euro pro Monat mit Affiliate Marketing zu verdienen. Mit etwas Geschick und dem nötigen Wissen ist dies sogar in nur ein paar Stunden pro Woche zu schaffen.

Die Kommissionen, die man erhält variieren von 1 % bis hin zu 100 % des Kaufpreises. Normalerweise erhält man für digitale Produkte, wie Online Kurse und digitale Bücher mehr Kommission als für physische Produkte. Dies liegt daran, dass ein einzelnes digitales Produkt keine Kosten mit sich bringt, so dass der Verkäufer großzügiger mit den Kommissionen sein kann. 100 % Kommission erhält man meist nur für ein "Einstiegs-Produkt", welches dazu da ist neue Kunden zu gewinnen.

Wenn Ihnen dieser kurze Auszug gefallen hat, dann können Sie das Buch auf Amazon kaufen.

Sie können es sich auch einfach
direkt bei mir holen.
Schicken Sie mir dazu einfach
eine E-Mail an:

hello@philschartner.com

Schlusswort

Ich hoffe aufrichtig, dass Sie
durch dieses Buch viel gelernt
haben und Sie jetzt über die
grundlegenden Kenntnisse
verfügen, wie die
Verkaufsstrategien und deren
Rollen funktionieren und wie Sie
mit einem interessanten Blog
verbunden mit professionellem
Email-Marketing Ihr
Unternehmen noch erfolgreicher
und profitabler machen können.

Ich wünsche Ihnen viel Glück und
Erfolg bei Ihrem Online Business
und Ihren
Geschäftsbemühungen.

Ihr

Phil Schartner

Haftungsausschluss

bestimmen kann, gibt es dennoch keine Garantie, dass Sie mit der Anwendung dieser Techniken und dieses Materials Geld verdienen. Beispiele in diesem Text dürfen nicht als ein Verdienst-Versprechen interpretiert werden. Die Höhe des Verdienstes ist völlig abhängig von der Person, die unser Produkt, unsere Ideen und Techniken anwendet. Wir geben nicht vor, dass es sich hier um ein „Reichwerden-System" handelt.

Sämtliche Behauptungen bezüglich tatsächlicher Umsätze und Resultate können auf Verlangen belegt werden. Der Grad Ihres Erfolgs, die Ergebnisse in unserem Material zu erreichen, ist abhängig von Ihrem Zeiteinsatz, Ihren finanziellen Möglichkeiten, Ihrem Wissen und verschiedenen Fertigkeiten, die Sie besitzen. Da diese Faktoren individuell verschieden sind, können wir Ihren Erfolg oder Ihre Einkommenshöhe nicht garantieren. Noch sind wir für irgendwelche Ihrer Handlungen verantwortlich.

Sämtliche Prognosen in diesen oder weiteren Verkaufstexten beabsichtigen, unsere Meinung zum möglichen Einkommenspotenzial zum Ausdruck zu bringen. Viele Faktoren tragen zu Ihren persönlichen Resultaten bei, daher können keine Zusagen gemacht werden, dass Sie unsere Resultate oder die von anderen Personen erreichen werden. Es kann keine Zusicherung gemacht werden, dass Sie durch unsere Vorschläge und Techniken überhaupt Resultate erzielen.

Impressum